一流の人になる!
究極の読書術

「ビジネス書」のトリセツ

水野俊哉

徳間書店

『「ビジネス書」のトリセツ』を讃える人々

水野俊哉の「ビジネス書のトリセツ」は、当社において数百万円の本代の節約を生み出した。

——午堂登紀雄さん（株式会社プレミアム・インベストメント&パートナーズ代表取締役）

私は普段、自分の名前を貸さない主義ですが、水野博士は私たちの生活に成功をもたらす普遍的なビジネス書の読み方の真理をこの本で表現している。だからあえて、自分のルールを破ってでも、この素晴らしい本をあなたに推薦したい。この本を読まないと「ノーマネーでフィニッシュ」します。

——臼井由紀さん（株式会社健康プラザコーワ代表取締役）

例えば、美しいものに触れて感動する心は、人種、宗教、性別、年齢、役割、貧富を越えて、人間に平等に与えられるものである。この本を読む権利も地球上に生きるものすべてに平等に与えられるものであり、読んだ人間が必ず価値を見出すことと確信する。できれば私の小説も一緒に読むと尚、素晴らしい効果が発揮されるだろう。

――清涼院流水さん（ミステリー作家）

水野俊哉は素晴らしい人間だ（多分）。書いているものは思慮深く、痴漢行為などは決してしない人間である（多分）。この一冊は、成功本を集めた図書館ぐらいの価値がある。『「ビジネス書」のトリセツ』を読み、その内容を活用することをすべての県民の義務にすべきである。

――聖幸さん（アルファブロガー「俺と100冊の成功本」管理人）

『「ビジネス書」のトリセツ』はビジネス書の道を示している。その内容を深く考えれば考えるほど、大きな価値を持つことは間違いない。私の宿直中の愛読書がまた増えた。

――バミュさん（産婦人科医　ブログ「毒舌ドクターBermudaの三角形な気持ち」管理人）

七日前に初めて水野俊哉の『「ビジネス書」のトリセツ』に出会った時の衝撃と興奮は今も鮮明に覚えている。それ以来、私の座右の書となり、人生の【北極星】【灯台】【トーテムポール】となっている。また『「ビジネス書」のトリセツ』が弊社の幹部研修における中核をなすのは言うまでもない。これほどに人間を深い慈愛に満ちた目で捉え、書かれた本を私は知らない。

——丸山純孝さん（有限会社「マグ広告ドットコム社」代表取締役　メルマガ「エンジニアがビジネス書を斬る」発行人）

水野俊哉ほど長期間にわたって深くビジネス書、組織、人間の原則について考えている人は極めて少ない。『「ビジネス書」のトリセツ』はハウツーというより、自分自身のことや人間関係を見つめ直す機会を与えてくれる。この素晴らしい本はあなたの人生を変えるだろう。

——三橋泰介さん（東北放送アナウンサー）

この本を読み、その内容を活用することをすべてのビジネスパーソンの義務にすべきである。この『「ビジネス書」のトリセツ』があなたの「人生を変える一冊」となるだろう。

——早川洋平さん（ビジネスポッドキャスター「人生を変える一冊」）

水野俊哉はすばらしい人間だ。書いているものは思慮深く、人に対する思いやりに満ちている。この一冊は、ビジネス書を集めた図書館ぐらいの価値がある。『「ビジネス書」のトリセツ』で説いている原則は私の人生に大きな影響を与えた。

——一龍さん（ブログ「一流への道」管理人）

この本の説明している原則は普遍的であり、人体のすべての側面において応用できるものである。

――樺沢紫苑さん（精神科医、『1億稼ぐ人の心理戦術』〈中経出版〉著者）

人は一生の中でいろんな経験や出会いを通じて学び成長していく。この本との出会いは、人生の中で最も素晴らしい出会いのひとつとなるでしょう。

――貞金香苗さん（株式会社ラフィアージュ代表　ブログ「アラフォー・プチ★起業　成功のオキテ」管理人）

ビジネス書は成功の鍵である。水野俊哉はビジネス書界の名人である。彼の本を買って、そしてそれを活用しなさい。

――勉子さん（ブログ「ｊｏｓｈｉｂｅｎ（女子勉）」管理人）

はじめに

みなさんに謝らなくてはいけない……。

それが、この本の執筆オファーをいただいたときに感じた正直な気持ちである。なぜなら、この本の内容の大部分は、私が2009年の1月から半年間「ビジネス書ベストセラーの書き方講座」として、セミナーで話していた内容だからである。

この本は全6章構成で、1章と2章がビジネス書の選び方や読み方のトリセツになっており、3章から5章までが、私が参加費1万円をいただいて講義していた際の資料がベースになっている（第6章はオススメ本90冊と関連資料集）。

つまり、1冊で1万円のセミナー以上の充実感は味わってもらえるはずであるが、のべ300人の参加者の方には書籍化を喜んでもらえるか、内心、不安な部分もあった。

ところが……私の心配は杞憂《きゆう》に終わり、多くの参加者がアンケートやあとがきのクレジットに参加してくれたのである。

さて、この本はビジネス書のトリセツ（取扱説明書）であり、ビジネス書を徹底的に楽しむ方法を提案するエンターテインメント指南書である。

なぜ、『「ビジネス書」のトリセツ』がエンターテインメント指南書であるかというと理由は2つあり、1つは今やビジネス書の世界自体がエンターテインメントであるということ、もう1つは、ビジネス書は面白くて儲かる最高のツールだからだ。

前者に関しては、まさしく本書の3章から5章までを読んでいただきたい。

勝間和代氏や本田直之氏、茂木健一郎氏など、現在のビジネス書界の人気者10名をイラストを使って解説し、著作の傾向から書き方までを徹底研究している。

そして後者の「ビジネス書は面白くて儲かる最高のツールである」については、少しだけ私の昔の話につきあっていただこう。

◆ビジネス書は面白くて儲かる最高の勉強ツールである

時は今から5年ほど前であろうか。

私は比較的、若い時期に独立して始めた事業がすぐに軌道に乗り、年商数千万円をコンスタントに稼ぎ出すまでになったのだが、安定路線を捨て、事業を急拡大したことから歯車が狂いだし、気がつけば年商も数億円規模になったものの、負債も3億円を超える債務超過状態に陥ってしまったのである。当時の私は事業欲に取り付かれたような人間だった。

「あと5億あれば、この事業はブランディングする」

解任直前まで、プラン通りにことが進めば年商も経常利益も倍々ゲームで増える事業計画書を抱え、ベンチャーキャピタルや投資家たちのもとを訪れていた。しかし、神風は吹かず、ある日、解任され、路頭に迷ったのだった。

毎晩、銀座や六本木で飲み歩いていた人間が職を失い、同時に私の周囲の人間は、部下も私のお財布が目当てだったらしい女たちまでもが、サーッと音を立てるように消えていった……。

金も名誉もすべて失い、しばらく私は生きる希望すら失い、景色が灰色に見える世界を生きていたのだが、やがて経営コンサルタントを経て、２００８年1月に『成功本50冊「勝ち抜け」案内』（光文社）でデビューした後は、執筆の依頼が絶えることもなく、２０１０年いっぱいまでの予定がほぼ埋まっているほどである。

恐らくこのまま頑張って書いていれば、かつての収入を軽く超える日も来ると自分では予測しているが、ドン底からの復活のきっかけはビジネス書の多読だったのだ。

しかし、現在の私はたとえ収入がいくらになろうと、もはや銀座や六本木で毎晩飲み歩くようなこともないだろうし、モデルやコンパニオンのお姉さんにも興味がない。

それは、なぜか。答えは家でビジネス書を読んだり、あるいは自分の本を執筆しているほうが10倍くらい楽しいことに気づいてしまったからだ。

「そんな馬鹿な」と思うだろうか。若い読者であれば、仕事がうまくいって収入が増えても、遊ぶ時間もないのなら意味がないと思うかもしれない。あるいは、コイツはただかっこつけて嘘を書いていると思うだろうか。

しかし、理由は後で詳しく説明するが、ビジネス書は最高に面白くて楽しく、夜中に飲んで遊びまわっているより、ギャンブルに熱中するより、女といちゃいちゃしているより、ずっとずっと楽しいいし、充実した時間が過ごせるアイテムなのだ。

もちろん人間には自分の人生を楽しむ自由もあるから、趣味の範囲で何をしようと構わないが、酒や女やギャンブルにうつつを抜かすなど、所詮《しょせん》、浮世《うきよ》の憂さを一時の快楽で紛らわせているのに過ぎないのではないか。

なぜ、そんなことが言えるかというと、昔、あるエンジェルから「3億円を年利5％で回せば1500万円のキャッシュフローが得られるから、セミリタイアするにはキャッシュで3億円を摑《つか》む必要がある」と言われたのを思い出したからだ。

つまり、現金で3億円持っていれば、好きなことをして暮らしていける。

もしも、あなたの手元に3億円の現金があったらどうするだろうか？

南の島で毎日、ビーチカクテルでも飲みながらのんびり過ごしてもいいし、毎日、友だちと飲み歩いてもいいし、ガールハントにいそしんでもいいだろう。しかし、そんな生活は長くは続かない。せいぜい3カ月、1年も持てばたいしたものだろう。

なぜなら、人間は充実感がないと生きていけないからである。結局、自分がそれをやって楽しいと思う仕事なり活動なりをして、人を喜ばせ、誰かに貢献し、そのことによって充実感を得ることが自己実現につながるのではないか。

普通の人は、こうしたシチュエーションが非現実的であるから、あまり真剣に考えたことはないだろう。しかし、今、お金持ちになりたい、とか楽して暮らしたいと考えている人は、そういう状況を望んでいるだけではないか。

逆に今の生活が苦しくてたまらないケースもあるだろう。たんにお金がないとか、やりたい仕事につけていない、今の仕事で充実感を感じられない。将来に漠然とした不安がある、危機感を感じている。世の中に認められない。女にモテない。婚活がうまくいかないなどなど。

実際には手元に3億円あるよりも、ずっとずっと現実に近いと思われるシチュエーションである。そんな時、あなたはどうするのだろうか？　やけになって遊びまわるだろうか。友人と愚痴《ぐち》をこぼすだろうか。インターネットの掲示板に世の中の不満を書き連ねるだろうか。あるいは小説でも読んで癒《いや》しを求めるだろうか。

そんな時、ビジネス書を読んでみてほしい、と私は言いたいのだ。

なぜなら、ビジネス書には仕事や人生のあらゆるシチュエーションで役に立つ知識が書いてあるし、ビジネス書で身につけた知識を正しく仕事や人生において実践することで、生きるスキルがアップする。

それどころか、後で紹介するが、人生の目的を見つける方法が書いてあるビジネス書や人生の目的を実現するための方法が書かれたビジネス書、人付き合いのなんたるかを書いたものや、仕事の効率をアップするための本、会計や法律や投資の知識が学べる本、イラッとした時に感情をコントロールする方法から働く気力が起きない人にやる気を出させる本、朝起きられない人のために早起きする方法を書いた本まである。

なんたる親切ぶりであろうか。親や学校の先生ですらここまで懇切丁寧《こんせつていねい》には教えてくれないだろう、と思われるほどだ。

実際に私自身、あるきっかけでビジネス書を多読する習慣ができてからは、人間関係・時間・お金・健康をきちんと管理できるようになり、あれほど自堕落で放埓《ほうらつ》な生活を送っていたのが嘘のように、早朝から仕事をし、ムダ遣いもしなくなり、適度な運動を欠かさず、人間関係も劇的に良くなった。

さらにはアウトプットの能力も高まったのか、大量に本を読んではそれをまとめて本を出版し、その結果、書物や講演会でビジネス書から知識を学ぶ方法、つまり勉強法を伝えるまでになっているのだ。

◆誰も書かなかった「ベストセラー・ビジネス書の秘密」

私が08年の1年間で読んだビジネス書は、のべ1000冊を超えている。そしてその成果は、これまでの4冊の著作に現れている。その読書量と、本の中からエッセンスを抜き出す力が認められ、現在、「週刊SPA!」で新書の書評を担当し、日経BPネットでも連載をさせていただいている。

よく、「なぜそれだけの本を読めるのですか?」と訊《き》かれることが多いのだが、本書では、そうした私なりの読書の流儀について、詳しく解説してある。

まずは、なぜビジネス書を読まなければいけないのか、というところから始まり、ビジネス書の効果的な読み方、活用法、時間の取り方、読書に便利なグッズ、現在のビジネス書ベストセラー著者の作品研究、シチュエーション別にどの本を読めばいいかといった紹介もしている。

いわばビジネス書を読んで、身につけた知識を栄養にして仕事や人生のスキルを磨いてもらい、ビジネススキルのマッチョマンになる方法が、この一冊に凝縮されているのである。

現在、読書法の本は、数多く出ているが、本書がそれらと一線を画しているのは、上記のようなビジネス書の読書法、活用法を押さえた上で、ベストセラー・ビジネス書の「書き方」にも言及している点である。

前述したように、ビジネス書の著者のみならずプロの書評家としても数多くのベストセラー書を読破し、要約してきた私は、ベストセラー書には、いくつかの共通したパターンが存在していることを発見した。本書ではその秘密を、余すところなく開陳している。

そしてもう一つ、ベストセラー書の「書き方」にまで言及したのには、理由がある。

読者のなかには、すでに年間多くのビジネス書を読み、それを血肉にして活躍している方もいることだろう。もしかしてあなたは、書評ブロガーかもしれない。となれば私の本を書評してくれたこともあるだろう（その節はありがとうございます）。いわばビジネス書読みの上級者である。今さら水野ごときに読み方の指南などされなくても結構、と思うかもしれない。

そんな方に対して、私は、「これまで吸収してきた知識を活用して、いっそみんなが読んで楽しくて役に立つビジネス書を書いてみてはどうだろうか？」と提案したいのである。

たとえば小説なんかでも、いっぱい読んでいると、そのうち自分でも書きたくなってくるものである。同様に数百冊もビジネス書を読んでいて、ちょっとは自分でも書きたい、あるいはこの程度なら俺でも書ける。足りないのはチャンスと時間だけ。なーんて気持ちになったことはないだろうか。そういう人に対して、本書ではビジネス書を書いてしかもベストセラーにする方法まで公開している。

そんな方法があるなら、誰でもそれを真似すれば、ベストセラーが書けるはず。ましてや、お前がその方法を使ってベストセラーを書いてみろ！

おっしゃる通りである。ただし、私がここで嘘を書いているかどうかは、本書を読み終わってから判断してもらっても遅くないと思う。

冒頭で述べたように、この本を書く前に09年の1月から私は「ビジネス書のベストセラーの書き方」というセミナー講演会を主に東京で開催しており、実際に受講者の中にはセミナーが縁で出版が決まったり、その後書いた本がベストセラーになった方までおり、その噂を聞きつけ、すでにミリオンセラーを書いたビジネス書作家まで参加している。

つまり、理論は完成しており、ある程度の再現性は確認されているのだ。

私がこのベストセラー・ビジネス書の法則を見つけたのは、第3作目の著書『お金持ちになるマネー本厳選50冊』（講談社）を執筆している最中の08年8月のことであった。

すでに第1冊と第2冊で古今東西の成功本、ビジネス書を解説し、今度は膨大なマネー・投資本のベストセラーを読み続けていたある日の未明、仕事が終わり、読書に疲れ、気分転換に「今後、書きたい本」のテーマを考えている時に天からアイデアが降りてきた。

私はこのアイデアが消えないうちに、急いでメモするためのスケッチブックを取り出し、ペンを走らせた。約1時間ほどひたすら書き続けたであろうか。

すべて出しつくし、ようやくスケッチブックを読み返してみると、そこには全6章の目次と簡単なレジュメが完成していたのである。

もちろん、そんなものをあえて公開する必要などない。プロのマジシャンが自らマジックのタネ明かしをしてしまうような行為に等しいからだ。しかし、私はこのアイデアは本になりたがっていると確信していた。

もちろん、所詮ノウハウなど現時点での方法論であり、永遠に続くものではない。一回公開してしまえば、以後、通用しなくなる可能性も高い。しかし、そうであっても、新たなノウハウをすべてのビジネス書著者の切磋琢磨《せっさたくま》によって生み出せばいいではないか。結果的にはそのほうが世の中のビジネス書がさらに面白くなることにつながるからだ。

以前の著作でも書いたが、私が本を書く理由として、**①世の中の人を幸せにするモノを書く、②世の中の失敗した人を元気にする本を書く、③子供の役に立つ本を書く**、という3つを自分のポリシーとしている。

となれば、間違いなく多くの人の役に立つノウハウだと自分が確信しているならば、それを書かない理由はない、と思ったのだ。

一般読者の方はもちろん、本書でモデリングさせていただいたベストセラーの著者の方にも、ぜひお読みいただき、感想をいただければ幸いである。

水野俊哉

2009年7月中旬

一流の人になる！　究極の読書術

「ビジネス書」のトリセツ／Contents

PART 2

ビジネス書が200%身につく読書術

番外：秘密型

PART 4

ビジネス書10大著者の「ここが読み所」

PART 6

TPO別必読ビジネス書はこれだ! 253

PART 1

ビジネス書にダマされるな！

ビジネス書の基礎知識
ビジネス書とは？
ビジネス書を読む時は、ジャンルや系統を押さえておくと、理解が早まります
ビジネス
ビジネスに関わる人の生き方や営みをテーマにした本
ビジネス書はまず古典をしっかり読もう！
まずは、古典をしっかり読むことが大事です
7つの習慣
人を動かす
P・F・ドラッカー
人気なのは「勉強」「脳の本」「感動モノ」
最近のベストセラーは品質がよく、読みやすいものが多いです
スルスル
読みやすいー
内容もよく工夫されている
ビジネス書を身につけるには、地道なインプットとアウトプットしかないのです！
失敗ポイント
ダメ
① 読むだけで行動しない
② 誤読してしまう
③ 本の選び方がまちがっている

漫画：勉子
（「女子勉」〈http://bloomingdesign.net/wordpress/〉）

01 ビジネス書の基礎知識

ビジネス書1冊の価値は？

いったい、1冊のビジネス書はどれだけの価値を持ちうるものなのだろうか。

先日、私のセミナーのゲストに『スピード・ブランディング』（ダイヤモンド社）の鳥居祐一さんと、『お金を稼ぐ読書術』（ビジネス社）など複数の著作を持つ午堂登紀雄さんを招いてお話しした。お2人に共通していたのは、大変な読書家であることだった。

その際に参加者より、「読書など自己投資に収入の何割を費やすべきか」という質問があったのだが、**「20代のうちは収入のすべてを自己投資したほうがいい。あとで必ず何倍にもなって返ってきます」**と午堂さんが即答していたのが印象に残っている。

午堂さん自身、20代の頃は貯金などせず自己投資をし、『33歳で資産3億円をつくった私の方法』（三笠書房）という本を書いている。

まあ、私のように負債3億円を作った経験のある身からすると「20代でも少しは貯金しておいたほうがいいよ」と老婆心ながら言いたくもなるのだが、確かに「読書」という目に見えないものへの投資が後の収入アップにつながるのは紛《まぎ》れもない事実である。

『STUDY HACKS!』（東洋経済新報社）の著者、小山龍介氏は「勉強に対する金銭的な費用対効果は、回収期間をどれくらいに設定するかによって大きく変化します。結論から先に言えば、若いうちの投資は回収期間が長いので、どんな投資であっても回収可能です」と書いている。

本田直之氏は、『レバレッジ・リーディング』（東洋経済新報社）で、「1500円の本1冊から得た知識は、100倍のレバレッジが効いておよそ15万円の利益を生むのです。（中略）生み出す利益は少なく見積もっても本代の100倍を超えているのです。100倍ということは、1500円の本を買い、その内容を実行したら、15万円は稼げるということです。100冊読めば1500万円。それを10年続ければ1億5000万円です」とし、ゆえに読書は「いかに割安で、しかも確実な投資か」と結論づけているのだ。

私自身の経験から言っても、たとえばかつて会社を経営していた頃、リクルート最強の営業部隊出身の大塚寿氏の『リクルート流「最強営業力」のすべて』（PHP研究所）や『法人営業バイブル』（PHP研究所）を何度も繰り返し読んで、営業成績が飛躍的に伸びたことがある。

つまり、経営者や法人営業担当などであれば、1冊のビジネス書からヒントを得て億単位の受注が得られれば、その本の価値は1億円以上ということになるだろう。

ビジネス書って、何？

就職氷河期に直面した団塊ジュニア世代を指して「ロストジェネレーション」（失われた世代）と呼ぶが、文学上の「ロストジェネレーション」は1920年代に活躍したヘミングウェイらの世代のこととなる。

こうしたある世代に対する呼び名としては1950年代アメリカの「ビートジェネレーション」「ニューロストジェネレーション」（「ゼロジェネレーション」）などがあり、最近ではカナダ人作家のダグラス・クープランドの『ジェネレーションX』（角川書店）や『シャンプー・プラネット』（角川書店）に描かれたアメリカのベビーブーマーJr.の世代が、日本の「ロストジェネレーション」世代とシンクロする部分が多い気がする。

そんな「エックス世代の旗手」と呼ばれたダグラス・クープランドの『ライフ・アフター・ゴッド』（角川書店）は、人間が人間たらしめているエッセンスや行動について考察するシーンからはじまり、やがて文明やビジネスについての思索が展開されていく。少し引用してみたい。

「そう、ボクらはひとつの生き物として、人工衛星やケーブル・テレビに、フォード・マスタングなんかを創り出してきたわけだけど、例えば、もし人間じゃなくて、イヌなんかがそういったものを発明していたら、どういうことになっていたんだろう？　イヌだったら、どんなやり方で、そのイヌらしさを表現していただろうか？　地球を周回する人工衛星などは、巨大な骨の形をしているだろうか？　月の映像を映し出すドライヴイン・シアターでは、みんなが、画面に向かって遠吠えしてたりするのだろうか？　また、人間ではなく、もし、ネコが、テクノロジーを開発していたらどうなってるだろう？　ネコだったら、シャギー・カーペットで覆われた爪研ぎ用の超高層建築を建てるだろうか？　音の出るゴム人形を主役に据えたテレビ・ドラマなんかをつくってるだろうか？」

今回、本書を書くにあたって、ビジネス書の著者や書評ブロガーを中心とする100名ほどにアンケートを行わせていただいた（31ページ表）。
その中の「ビジネス書とは？」という質問に対する回答からも興味深い傾向が読み取れる。いくつかを紹介しよう。

「自分の現在の仕事や将来の仕事・夢を実行するために必要な思考・スキルを人の体験から得ること」（すみだひろみさん）

「仕事、そして仕事が大半を占める人生をより豊かなものにする本。自分では気づけない豊かさのヒントを得られる本」（傳智之さん）

「ビジネスパーソンらの経験から生まれる、明日の成長のために使える具体的なノウハウの含まれる本」（liblo さん）

「狭義でいえば仕事に役立つ本。仕事で使える知識や技術を教えてくれる本ということでしょう。しかし、現代のビジネスパーソンは仕事とプライベートが密接にリンクしていますし、実際一生のうち仕事に費やす時間を考えれば、ビジネスと人生は限りなくイコールでつながるのではないでしょうか。その意味からすれば広義では〝人生の指南書〟といえるのでは」（一龍さん）

このようにビジネス書の多読者もすでにビジネス書について、仕事だけでなく人生全般に役立つ本と位置づけて読んでいる人が多いようだ。

かつて読書というと、主に小説を読むことを指していた時代もあったと思う。しかし、今や時代は大きく変化している。

● アンケート内容

・月に何冊　本を読みますか？
・１日の平均読書時間
・本を読み続けるための時間をどう工夫していますか？
・本を読みたくなる心理になるための秘訣（行動・習慣）を教えてください。
・本を読む習慣をなかなか身につけられない人に、本を読み続けるための動機づけを教えてください。
・月の本代は平均幾らですか？　そのうちビジネス書購入は何割ですか？
・ビジネス書の定義をどう考えますか？
・その金額は収入もしくはおこづかいの何割くらいになりますか？
・リアル書店とネット書店、どちらがメインですか？　またその理由を教えてください。
・ビジネス書や勉強本を買う際に、読む価値のある本、価値のない本をどう見分けていますか？
・著者プロフィールのどこに注目しますか？
・読書にふさわしい場所と理由を教えてください。
・座って読むか、寝っ転がって読むか　本を読む時の姿勢は？
・ビジネス書を読んだ後に、その内容を活かすための工夫をしていますか？しているとしたらどのようなことですか？
・これまで読んだビジネス書や勉強本で、人生を変えた、仕事の効率を大きく変えた、ブレイクスルーできたことに大きく役立った本はなんですか？また、その本は　どのようなことに役立ちましたか？
・本に線を引きますか？
・読み終わった本はどうしていますか？

アンケート実施日　6月19日～6月26日
媒体「水野俊哉公式メルマガ」 https://www.mshonin.com/form/?id=218513278
有効回答数　約２００通

ビジネス書がなぜ身につかないのか

このようにたった1500円程度の投資で仕事や人生に役立つ知識が身につくビジネス書であるが、ただ読んだだけでは、ダメだ。

私は第1作の著書『成功本50冊「勝ち抜け」案内』（光文社）のなかで、「なぜ成功本を読めば読むほど貧乏になるのか？」と問い、その理由として、次の3つを挙げた。

1　読むだけで行動しない

2　誤読してしまう

3　本の選び方が間違っている

それぞれについて、以下、説明する。

1　**「読むだけで行動しない」**

当然ながら、ビジネス書を読んでも何もしなければ、いずれ書いてあったことすら忘れて読む前の状態に戻ってしまう。「得たものは読書体験だけ」ということだ。

2「**誤読してしまう**」

人は現実をありのままに見ようとはしない。自分が見たいように見るものである。もっと言えば、作者の言いたいことを理解しないばかりか、勝手に自分の都合の良い方向に解釈してしまいがちだ。そのような姿勢は誤読の危険性が大きい。

3「**本の選び方が間違っている**」

ビジネスで成功するためには、体系的な知識が必要である。ところが、2、3冊読んだだけで、すぐ満足してしまう人も多い。また、会社からの独立や起業を考えているのであれば「資金調達法」から始まり、「経営マネジメント」「人事マネジメント」「労務管理」「マーケティングやセールスの手法」「財務の基礎」「経営に必要な法律の知識」などをバランス良く、学ばなければいけない。

それなのに面白いからという理由で「マーケティングやセールスの手法」や好きな著者の本ばかり読むのも、本の読み方に問題があるのではないだろうか。

究極的に言えば、正しく読んで知識をつけ行動に移す、ということになるのだが、読み方ひとつとっても、実はさまざまな作法があるし、多読・速読・スローリーディングなどの流派も存在する。

また、もっと問題なのは、「読んでいないのに、読んだ気になってしまう人」である。買っても読まないでいる本がどんどん増えてしまう積ん読派に多いタイプだ。

ＴＶの「王様のブランチ」や「目覚ましテレビ」で話題になった本や、書店で目立つ場所に置かれている新刊を買ったはいいが、いざ読もうとすると仕事の疲れもあいまって、10ページも読まないうちにまるで睡眠薬でも飲んだかのようにまぶたが重くなり、寝てしまう。そんなことを数日繰り返すうちに、また次の気になる本を発見して買ってしまうのだが、これもまた読み通すことができず、なんとなく読んだ気になってしまう、といったケースである。

こうした積ん読派の人は86ページを参考にしてほしい。

☑ビジネス書１冊に含まれる真実は１％程度

ただし、どんな読み方をしようと、ざっくり言って、**１冊の本に書かれている（自分にとって得るべき）真実の量は１％程度である。**つまり２００ページの本であれば、せいぜい２ページくらいが真実と割り切ってしまって間違いはない。これが私の到達した結論の１つである。

大体、高くても２０００円程度の本から、２ページ分もの真実を抽出できたら、その投資は大成功である。10冊で20ページ、１００冊で２００ページの真実が自分の血となり肉となれば、それだけで自ら書物を書くことすらできるほど、多くの真実を手にすることになる。

本質的にはそのくらい純度の高い読み方を目指すものだ。虫眼鏡も光の焦点を合わせれば紙を燃やすことすらできる。本を読む際も、本当に大事な2ページ分を探すつもりで読めば、濃い読書体験ができる。少なくとも私はそのように本を読んでいる。

そして、本のなかから自分にとって本当に役に立つ部分、つまり「得るべき真実」をつかんだら、それを自分宛にメールするなり、読書ノートにメモするなりして、本は捨てるかAmazonで売ればいいのだ。

これはひとつのスタイルを述べているだけで、万人に共通して有効であるかは別である。本書では多くの成功者や読書家たちが実践している読書テク・読書ハックスを紹介している。きっと自分に合うスタイルが見つかるはずだ。

☑学びの多いビジネス書、学びの少ないビジネス書

本を選ぶ場合、誰でもつまらない本、役に立たない本を摑《つか》みたくない、と思うものだろう。私がこれまで読んできた本の中で、読んでもあまり実にならない類《たぐい》の本の傾向としては、以下のようなものがある。

①「働かないで○千万円儲かる方法」などの、楽して儲かる系の本。
②本がフロント商品で高額なセミナーや情報商材を販売するための本。
③著者のブランディングやお店の集客、会社の宣伝のみが目的の本。

それぞれ説明すると、

①は、「1日30分で100万円儲かる」「主婦や学生でもできる」「ありえない方法で儲かる」などというタイトルが特徴だ。

実際は、そんなに簡単に大金が稼げる本が、たったの1500円程度で書店に並んでいるはずもなく、**「お金持ちになる方法を書いた著者だけがお金持ちになる」という、ビジネス書版マルチレベルマーケティング的な手法**である。

②は、①と重なる部分も多いのだが、著者が高額なセミナーを開催していたり（1回3万円以上）、情報商材の販売を手がけているケースに多い。大抵CDなどの無料特典が付いており、サイトから応募すると顧客リスト入りし、勧誘メールがバンバン届くようになる。
結局、セミナーや商材に人を集めるために本を発行するので、本の内容は薄いケースが多い。

③は、著者自身が本を出して有名人になったり、自分の会社やお店のPRのために本を書い

たケースだ。別に本を出して有名になるのは構わないのだが、自慢や権威付けばかりが凄くて内容はたいしたことのない駄本が多い。一発屋の芸能人が書いた本のように、数年後、本棚に並んでいると微妙な気分になってしまうだろう。

なぜ、①〜③のようなビジネス書が発行されるのか。それはビジネス書の著者には本を出す際に目的があるからだ。

これを私はビジネス書著者の「ゴールセッティング」と呼んでいるのだが、だいたい以下の6パターンに分類されるのだ。

パターン1　取材殺到→雑誌→講演会→TV→政界進出
パターン2　情報商材を売る・セミナーをする
パターン3　副業執筆→ベストセラー→コンサル作家
パターン4　趣味のブログ→夢の書籍化→人生の思い出作り
パターン5　企画持ち込み→仕事の依頼→大ベストセラーを書くぞ
パターン6　どうしても書きたいこと・伝えたいことがある人

この6パターンの詳細については、第3章で詳しく説明しているので、そちらを参考にしてほしいが、先の①～③というのは、パターン1かパターン2のゴールセッティングをしている著者が書いたビジネス書に多い気がする。

パターン1はすなわち、本を出して取材を受けて顔を売って有名人になることを目的に本を出す、という人で、本の内容も、実績自慢、人脈自慢で中身が乏しいことが多い。パターン2であれば、「本を書くのは面倒臭いので名刺代わりに書いて、あとは集客商売、あるいは最初から商材やセミナーの顧客確保のための出版」ということである。

ただし、読む価値がない本はあっても買う価値がない本はないともいえる。

本との出逢いは一期一会なので、買い逃すと二度と出逢う機会がないかもしれないからだ。**買ってみて、「読む価値がない」とわかった場合は、それも勉強**としかいいようがない。出先でラーメン屋に飛び込んでみたが、外れだったというようなものだ。そうした経験を積みながらダマされない眼を養うしかない。

02 ビジネス書の選び方にもコツがある

出版社別ビジネス書の傾向を知る

ひと口にビジネス書といっても、さまざまなジャンルがある。

ネット書店最大手amazonでも41ページの図のように、さまざまなカテゴリー分けがされている。ビジネスや投資に関するジャンルはサブカテゴリーも入れると数百~数千にもなる。

この膨大なラインナップから、どうやって自分にとって役立つビジネス書を見つけるか、が大事であるが、いくつかの観点から考えてみよう。

まず、ビジネス書とは書店のビジネス書のコーナーに置いてある本である。書店にはビジネス書のコーナー以外にも、文芸や実用書、雑誌、マンガのコーナーがあるように出版社もビジネス書を専門に出版しているところから、マンガや雑誌まで幅広く発行している総合出版社まで大小3000社ほど存在する。

長らく出版不況と呼ばれているが、近年、ビジネス書が手堅く売れる傾向があり、新規参入も多い。その中からビジネス書のコーナーによく平積みされている本の出版社でいうと、東洋経済新報社、日経BP、ダイヤモンド社など大手三社を筆頭にPHP、中経出版、日本実業出版、ディスカヴァー・トゥエンティワン、フォレスト出版、きこ書房、サンマーク出版、あさ書房、ビジネス社、ソフトバンク、インデックスコミュニケーションなどがあり、さらには講談社、小学館、徳間書店といった総合出版社なども本格的に参入している。

42ページではここ最近各社が刊行しているビジネス書の傾向を一覧表にして掲載した。

☑書評ブログを積極的に活用しよう

明確な目的の本がない場合、いったいどの本を買ったらいいいか、迷うことも多いだろう。新聞や雑誌での書評を参考にする人もいるだろうが、ビジネス書の場合、新聞に取り上げられることは少ない。雑誌も、いわゆるビジネス雑誌以外には掲載されないことが多い。

しかも、紙媒体の書評はだいたい刊行から1~3カ月後、あるいは半年~1年後にようやく掲載されるようなことも少なくない。

そこで積極的に利用したいのが、書評ブログである。優れた書評ブログは更新も早く、出て間もない最新の書籍が書評されていることも少なくない。

そのため、最近流行《はや》っている本や新刊の情報が得られるので購入するかどうかの目安になる

● amazon のビジネス書カテゴリーは数百〜数千にも及ぶ

ノンフィクション

・トップページ	・思想・社会	・事件・犯罪
・歴史・地理・旅行記	・ビジネス・経済	・科学
・アート・エンターテイメント	・実用・暮らし・スポーツ	・語学・教育
・自伝・伝記		

歴史・地理

・トップページ	・日本史	・東洋史
・世界史	・歴史学	・考古学
・歴史読み物	・歴史時代小説・伝記	・地理・地域研究
・地図		

ビジネス・経済・キャリア

・トップページ	・経済学・経済事情	・産業研究
・マーケティング・セールス	・経理・アカウンティング	・金融・ファイナンス
・オペレーションズ	・マネジメント・人材管理	・統計学・数学
・経営戦略	・経営学・キャリア・MBA	・実践経営・リーダーシップ
・IT・e-コマース	・ビジネス人物伝	・ビジネスの法律
・ビジネス実用	・ビデオ・CD・カセット	

投資・金融・会社経営

・トップページ	・一般・投資読み物	・株式投資・投資信託
・債券・為替・外貨預金	・不動産・住宅ローン	・節約
・年金・保険	・銀行・金融業	・証券・金融市場
・会社経営		

カテゴリー

ビジネス・経済・キャリア

- 経済学・経済事情 (16,819)
- 産業研究 (19,336)
- マーケティング・セールス (5,015)
- 経理・アカウンティング (9,935)
- 金融・ファイナンス (1,018)
- オペレーションズ (3,888)
- マネジメント・人材管理 (3,476)
- 統計学・数学 (745)
- 経営戦略 (335)
- 経営学・キャリア・MBA (128,641)
- 投資・金融・会社経営 (102,436)
- 実践経営・リーダーシップ (23,022)
- IT・e-コマース (4,068)
- ビジネス人物伝 (1,665)
- ビジネス読み物 (3,144)
- ビジネスの法律 (12,560)
- ビジネス実用 (32,286)
- シリーズ別 (3,488)
- 出版社別 (39,418)
- 参考図書・白書 (4,788)
- ビデオ・CD・カセット (155)

の総本山。最近は、はづき虹映氏や福島正伸氏なども人気。マーフィーやマクスウェル・マルツ、ウィン・ウェンガー氏らの著作の復刻版も刊行中。

サンマーク出版

かつてはスピリチュアル系出版社というイメージもあったが、もともと自己啓発系は強く『「原因」と「結果」の法則』や『小さいことにくよくよするな』などのロングセラーもある。最近は『千円札は拾うな。』『検索は、するな。』（安田佳生）、『あたりまえのことをバカになってちゃんとやる』（小宮一慶）なども売れている。

大和書房

本田健氏の『ユダヤ人大富豪の教え』シリーズが有名。他に『お金の教養』（泉正人）『面倒くさがりやのあなたがうまくいく55の法則』（本田直之）『借金の底なし沼で知ったお金の味』（金森重樹）などがある。

講談社

言わずと知れた業界最大手。年商1443億円（07年11月期）。マンガや雑誌から文芸、児童書まで発行する総合出版社。ビジネス書にも力を入れ始め、橘玲氏の『貧乏はお金持ち』『勝間和代・脳力up』『天才！』（マルコム・グラッドウェル）などを立て続けに刊行。

光文社

講談社の系列で音羽グループの一角。『成功本50冊［勝ち抜け］案内』を出した光文社ペーパーバックスビジネスレーベルがある。光文社新書では山田真哉氏の『さおだけ屋』シリーズや『お金は銀行に預けるな』（勝間和代）など。単行本では大前研一氏の『「知の衰退」からいかに脱出するか？』など。

小学館

集英社とともに一ツ橋グループを形成する出版業界の雄。なんといってもドラえもんなどの漫画、学年誌、小説、雑誌などがメインで、新書も創刊してビジネス書にも進出しかけているが、まだ目立った作品は出ていない。

幻冬舎

角川書店の名物編集者であった、見城徹氏が1987年に創業。年商115億円、ジャスダックにも上場している。『成功のコンセプト』（三木谷浩史）、『竹村式お金に振り回されない習慣術』（竹村健一）など。

徳間書店

大人物として知られる先代の徳間康快時代に業務を急拡大。一時は徳間ジャパンコミュニケーションズ、大映、スタジオジブリなどを所有していた。現在も総合出版社として様々なジャンルの本を発行している。副島隆彦氏、バフェットの投資本、そして『「法則」のトリセツ』などトリセツシリーズも好評。

● 主なビジネス書出版社一覧

日経BP社
日経新聞の子会社というか出版部門。売上高533億円（07年12月期）。日経ビジネス、アソシエ、トレンディ、エンタテインメントなど数々の雑誌を発行。ビジネス書も多数。お薦め『なぜビジネス書は間違うのか』他。

ダイヤモンド社
経済・経済書の老舗。雑誌「週刊ダイヤモンド」「ダイヤモンドzai」「Harvard Business Review」なども発行。『スタバではグランデを買え！』『新・知的生産術』『世界一やさしい問題解決の授業』『ブラックスワン』『全脳思考』など話題作多数。売上高134億円。

PHP
あの松下幸之助氏が創立。PHPとはPeace and Happiness through Prosperity［繁栄によって平和と幸福を］という意味。ロングセラー『道をひらく』（松下幸之助）、『やりたいことをやれ』（本田宗一郎）がある。刊行点数は多め。最近では茂木健一郎氏の『脳を活かす〜』シリーズが大ヒット。

中経出版
創業40年の老舗出版社。最近、角川グループホールディングス（売上高1507億円）の傘下に入った。近年のヒットに『1分間勉強法』『億万長者専門学校』『できる人の勉強法』など。

日本実業出版
1950年創業。『幸せ成功力を日増しに高めるEQノート』（野口嘉則）、『仕手株でしっかり儲ける投資術』（中原圭介）、『頭のいい人脈の作り方』（立石剛）、『スピードハックス』（大橋悦夫、佐々木正悟）、『小飼弾の「仕組み」進化論』（小飼弾）などがある。

フォレスト出版
平成8年創業と比較的新しい出版社ながら神田昌典氏、石井裕之氏らを発掘し、破竹の勢いでビジネス書の世界で頭角を現す。最近は苫米地英人氏の脳本や勉強本も増えてきている。

ディスカヴァートゥエンティワン
名物社長、干場弓子氏がクリエイティブと営業チームを牽引。働く女性に人気のあるビジネス書出版社というイメージ。『「婚活」時代』『無理なく続けられる年収10倍アップ勉強法』『ビジネスマンのための「発見力」養成講座』『働く理由　99の名言に学ぶシゴト論』など。

きこ書房
不朽の名著『思考は現実化する』（ナポレオン・ヒル）をはじめとする自己啓発書

だろう。自分にあった書評を書いてくれるブログをブックマークしておけばいい。

とくに、アルファブロガーと呼ばれる、影響力の強いブロガーには、本を書評してもらうことによる口コミ宣伝効果があるため、出版社・著者からの献本が殺到しているという。ただし、しきたりが違ったり、ガンコな書評ブロガーも多いので、献本した者がふり回されることもある、なんていう話も聞こえている。

46〜49ページには、有力な書評ブロガーの一覧、276ページにはブロガーマトリックスを掲載してあるので、それを参考にしてほしい。

☑ 書評ブロガーと読者の線引き

ただ、書評ブロガーは読者なのか、それとも別の存在なのか、読者と書評ブロガーの境界線はどこにあるのか、という謎も生じるだろう。

たとえば、出版社からすると、書評ブロガーに献本する出版社としない出版社があり、書評ブロガーでも「趣味でやっている」という人、「商業的なスタンス」な人、その辺のことはあまり意識していない人とがいるだろう。

もう少しわかりやすく言うと、出版社からするとブロガーがただの読者であるとすると、献本はお客さんにただで本をあげる行為となり、自らのビジネスモデルを破壊しているようにも見える。

それでも出版社が有力な書評ブロガーに献本する理由としては、やはりその影響力が無視できないレベルに高まっている、ということが挙げられる。

書評ブロガーの多くは、アフィリエイトを活用している。アフィリエイトとは、ブログで取り上げた本にネット書店をリンクし、その書評を見た人がそのままネット書店から本を購入した場合、いくらかのキックバックをネット書店から受けるというシステムである。

たとえば某アルファブロガーは月に60万円のアフィリエイト収入があるという。キックバックが5％とすると、ネット書店での月の売り上げは1200万円となり、1日の売り上げは約40万円で、冊数にすれば1日平均300冊売る見当になる。アマゾンの書籍総合ランキングで1位になるような本は1日で400～600冊売れているといわれているが、ほぼそれに匹敵する量である。

それだけに、アルファブロガーが好意的に取り上げた本は、ベストセラーになることも多く、要チェックでもある。逆から見れば、アフィリエイトで稼ぐために、売れそうな本＝話題になりそうな本を取り上げる傾向もあるとも言えるが、いずれにしても、チェックしておいて損はない。

人気のあるブログはフィードメーター（http://feedmeter.net/）などでもチェック可能だが、単純なアクセス数だけでなく、RSSやブックマークの被登録数、ブログ記事がどのニュース

● 著名書評ブロガー一覧

水野俊哉の日記(http://d.hatena.ne.jp/toshii2008/20081231)より転載。

ブログタイトル	404 Blog Not Found		
URL	http://blog.livedoor.jp/dankogai/		
ひとことで言うと	書評に限らず小飼弾氏がなんでも弾言するブログ		
評価（5つ星が最高点）	項目	評価	寸評
	メジャー度	★★★★★	ネット界でもトップクラス
	キャラ立ち度	★★★★★	こちらもトップクラス
	分析力	★★★★★	弾言しまくる感じだ
	面白度	★★★	そこで勝負はしていないと思う
	総合	★★★★★	ある意味、横綱です
著者プロフィール	小飼弾： 1969年生まれ。アルファブロガー。元ライブドア取締役。書評ブロガーとしても絶大な影響力を発揮。物凄い速読術を身につけているらしい。著書『弾言』もベストセラーに。		

ブログタイトル	マインドマップ的読書感想文		
URL	http://smoothfoxxx.livedoor.biz/		
ひとことで言うと	ビジネス書評御三家の一人は腰低キャラ		
評価（5つ星が最高点）	項目	評価	寸評
	メジャー度	★★★★★	ビジネス書の掲載多数
	キャラ立ち度	★★★★	カツマーとしても有名
	分析力	★★★★	角を立てない書評
	面白度	★★★★	独自の自虐キャラに安定感有り
	総合	★★★★★	信頼と実績を感じさせる
著者プロフィール	Smooth： 「ビジネス書のコンシェルジェ」兼「脱サラ税理士」。ビジネス書や新聞広告への掲載も多数。更新頻度が高く書評&著者交流記&売り上げランキングなど内容も多彩。献本は「基本的に受け付けない」方針。		

ブログタイトル	俺と100冊の成功本		
URL	http://blog.zikokeihatu.com/		
ひとことで言うと	書評ブログ界が誇る北の面白系横綱		
評価（5つ星が最高点）	項目	評価	寸評
	メジャー度	★★★★★	アルファブロガーでもある
	キャラ立ち度	★★★★★	青森県在住だが全国区
	分析力	★★★★	分析というかたとえが上手いのでは
	面白度	★★★★★	書評というよりコラムかも
	総合	★★★★★	趣味系だけどメジャー度も高い
著者プロフィール	聖幸： もともとは成功本を100冊読んで本当に成功できるかを検証するページだった模様。その過程で人気に火が着き、アルファブロガーに。「ツイてる」が口ぐせ。ビジネス書への掲載も多数。		

ブログタイトル	読書 I/O 日記		
URL	http://io-diary.com/mt/blog/		
ひとことで言うと	関西在住 IT エンジニアによるフォーマット書評		
評価（5つ星が最高点）	項目	評価	寸評
	メジャー度	★★	ブログの完成度は高い
	キャラ立ち度	★★★	マインドマップも掲載
	分析力	★★★★	物凄く簡潔にまとまっている
	面白度	★★★	「感想」に説得力がある
	総合	★★★	フォーマットが素晴らしい
著者プロフィール	Mharu： 大阪府出身。年齢は20代半ば。キーワードは「早起き」「英語学習」「マインドマップ」など。ブログのフォーマットがしっかりしており、文字数を抑えて簡潔にまとめているのが特徴。		

ブログタイトル	一流への道		
URL	http://ichiryuublog.blog110.fc2.com/		
ひとことで言うと	一龍さんの「一流」を目指す読書メモ		
評価（5つ星が最高点）	項目	評価	寸評
	メジャー度	★★	私（水野）は注目してます
	キャラ立ち度	★★★	「一流の～」で分類
	分析力	★★★★	読んだ感想が伝わってくる
	面白度	★★★	ちょっとしたコメントが面白い
	総合	★★★	更新頻度も高く長く続けてほしい
著者プロフィール	一龍： 「読書と勉強、そして成功哲学の実践で一流を目指す！」（ブログより）。気になった部分の抜粋が中心の「読書カード」と「書評」の回があり、「書評」の回は読み応えがあり、面白い。		

ブログタイトル	joshiben（女子勉）		
URL	http://bloomingdesign.net/wordpress/		
ひとことで言うと	注目度急上昇中の女性4コマ書評ブログ！		
評価（5つ星が最高点）	項目	評価	寸評
	メジャー度	★★★★	急上昇中だと思います
	キャラ立ち度	★★★★★	脳裏に焼きつくタイトル力！
	分析力	★★★★	分析と言うより共感型
	面白度	★★★★	難しい内容を4コマで表現！
	総合	★★★★	2009年は大注目かも？
著者プロフィール	joshiben もしくは「勉子」： 女性でなおかつ4コマ書評という独自性ですでにランキング上位に。女性目線のやさしい口調だがテーマ別に本をセレクトするなど見えない工夫も。本業は WEB デザイン。		

ブログタイトル	土井英司のビジネスブックマラソン		
URL	http://www.mag2.com/m/0000135008.html		
ひとことで言うと	出版界のカリスマコンサルタント直営 ML		
評価（5つ星が最高点）	項目	評価	寸評
	メジャー度	★★★★★	ビジネス書関係者に絶大な知名度！
	キャラ立ち度	★★★★	最強のセミナーを開催するという噂
	分析力	★★★★★	有名著者等が教えを乞う⁉
	面白度	★★★	赤ペンチェックしてほしい……
	総合	★★★★★	信頼と実績の土井ブランドを構築中
著者プロフィール	土井英司： 出版マーケティングコンサルタント／ビジネス書評家有限会社エリエス・ブック・コンサルティング代表取締役日刊書評メールマガジン「ビジネスブックマラソン」編集長。		

ブログタイトル	ホンネの資産運用セミナー		
URL	http://fund.jugem.jp/		
ひとことで言うと	マネーの世界を本音で解説！		
評価（5つ星が最高点）	項目	評価	寸評
	メジャー度	★★★★	月間アクセス約17万！
	キャラ立ち度	★★★★★	セルジオ越後なみの辛口
	分析力	★★★★★	徹底した投資家目線で斬る！
	面白度	★★★	本音の意見が役に立つ
	総合	★★★★	マネー系ブログの最高峰！
著者プロフィール	ゆうき： 「20代男性。2001年から株式投資を始め、現在の長期インデックス投資は2005年から。途上国の調査を行うシンクタンクに勤務。趣味は旅行やアウトドアスポーツ」（ブログより）		

ブログタイトル	精神科医が読み解く、ビジネス・投資・自己成長のヒントになる本		
URL	http://bestbook.livedoor.biz/		
ひとことで言うと	精神科医によるクールな分析が楽しめる		
評価（5つ星が最高点）	項目	評価	寸評
	メジャー度	★★★★	書評ブログ界では有名
	キャラ立ち度	★★★★	マネー・経済系にも強い
	分析力	★★★★★	書評された側からすると脅威的
	面白度	★★★★	抑制の効いた文体は芸術的
	総合	★★★★	ビジネス書評の実力派ブログ
著者プロフィール	bestbook： 「都内在住30代。10代より1日1冊のペースで本を読んでいます。ここ数年はビジネス書などを読み込んでいます。本の知恵によって、世の中が少しでもよくなればと思います」（ブログより）		

ブログタイトル	エンジニアがビジネス書を斬る！		
URL	http://www.mag2.com/m/0000132223.html		
ひとことで言うと	多読で夢を叶えたまるるちゃんの人気書評 ML		
評価（5つ星が最高点）	項目	評価	寸評
	メジャー度	★★★★★	まぐまぐ殿堂入り　読者3万人
	キャラ立ち度	★★★★	エンジニア→起業家へ
	分析力	★★★★★	説明のわかりやすさが身上
	面白度	★★★★	情報発信力がスゴイ
	総合	★★★★★	ついに読書術の本も発表！
著者プロフィール	丸山純孝（まるるちゃん）： 東芝にて研究開発エンジニアを経て2006年独立。有限会社マグ広告ドットコム代表取締役を含め3社の経営にたずさわる（著書『いつも目標達成している人の読書術』）より		

ブログタイトル	ディスカヴァー社長室ブログ		
URL	http://d21blog.jp/discover/		
ひとことで言うと	前代未聞だがもう慣れた出版社社長室直営		
評価（5つ星が最高点）	項目	評価	寸評
	メジャー度	★★★★	ビジネス書好きなら知っている
	キャラ立ち度	★★★★★	書評ブログにもコメントを残す！
	分析力	★★★★	自社本も解説します！
	面白度	★★★★	キャラ立ちまくりです
	総合	★★★★★	他社はマネできるのか⁉
著者プロフィール	干場弓子社長＆社長室メンバー： 取次ぎを通さない自社配送など独自の経営及びベストセラーを連発する編集方針でも知られる「ディスカヴァー21」の社長室直営ブログ。書評ブログのチェックも早い！		

ブログタイトル	シゴタノ！　仕事を楽しくする研究日誌		
URL	http://cyblog.jp/modules/weblog/		
ひとことで言うと	大橋＆佐々木コンビで運営する超人気ブログ！		
評価（5つ星が最高点）	項目	評価	寸評
	メジャー度	★★★★★	著作も続々とベストセラーに
	キャラ立ち度	★★★★★	コンビで運営するのは珍しい
	分析力	★★★★★	まさに BlogHacks という感じ
	面白度	★★★★	役に立つし面白い！
	総合	★★★★★	2008年に大大ブレイク！
著者プロフィール	シゴタノ： 大橋悦夫氏（ブロガー・著者）と佐々木正悟氏（心理学・脳科学ジャーナリスト）がそれぞれ「近況報告」という形で仕事に役に立つ記事を発表する。大橋氏は「HACKS」シリーズでも有名。		

サイトに配信されるかなども指標になる。

ただし、書評ゴロには注意が必要だ。私の知人の著者からもよく聞く話であるが、書評を書くのが目的ではなく、書評を書いて著者と仲良くなり、自分の主催する有料セミナーに呼んで商売するのが目的となっている人もいるそうである。

もちろん書評を書いてもらえば、著者としては嬉しいものだが、そこに隙《すき》ができ、パーティーなどで「ファンです」（あるいは読者です）などと言って著者に近づき、衆人環視のもと自分のセミナーなどへの参加を要請し（それ自体は問題ないが）、断られると陰口や悪口を言いまくるブロガーゴロのような人もいるという報告を私も受けている。

まあ、読者のみなさんにはあまり関係ない話かもしれないが、まじめに書評を続けている人に対しても失礼な話なのではないかと私は思う。

だいたい、「誰と会った」「誰と飯を食った」「誰をセミナーに呼んだ」など、書評がメインではなく、ロビー活動に精を出すブログなどは、あまり参考にならないことが多い。

次ページに役立つブログをまとめて一覧表にして掲載した。参考にしてほしい。

amazonなどネット書店で自分の読むべきビジネス書を見つける

ネット書店では、ランキングやブックレビューが豊富である。amazonなどは、それぞ

●ビジネス書活用に役立つブログ一覧

◎情報系ブログ

1「ネタフル」	http://netafull.net/
2「たつをの ChangeLog」	http://chalow.net/
3「ホンネの資産運用セミナー」	http://fund.jugem.jp/
4「404 Blog Not Found」	http://blog.livedoor.jp/dankogai/
5「シゴタノ」	http://cyblog.jp/

◎書評ブログ

1「俺と 100 冊の成功本」	http://blog.zikokeihatu.com/
2「マインドマップ的読書感想文」	http://smoothfoxxx.livedoor.biz/
3「精神科医が読み解く、ビジネス・投資・自己成長のヒントになる本」	http://bestbook.livedoor.biz/
4「女子勉」	http://bloomingdesign.net/wordpress/

◎ML

1「土井英司のビジネスブックマラソン」	http://www.mag2.com/m/0000135008.html
2「ビジネス選書＆サマリー」	http://www.bbook.jp/
3「知識を力に」	http://tikara.bizpnet.com/
4「エンジニアがビジネス書を斬る！」	http://www.mag2.com/m/0000132223.html

◎キッドキャスト番組

1「人生を変える一冊」	http://jikokei.net/
2『通勤立ち読み「ブックラリー 2009」』	http://bookrally2.seesaa.net/

れのカテゴリー別のランキングをみることもできるので、参考になる。

ただし、これらを盲信して買いまくると、amazon貧乏になってしまう。

amazonランキング上位だからといって、よい本だとは限らない。なぜなら、**ランキングはある程度、操作できるからだ。**

これもちょっと驚いてしまう人が多いと予想されるが、『「ビジネス書」のトリセツ』と名乗る以上は、裏まで書いてしまおうと思う。

ご存知のように、amazonのランキングは、売れた冊数に応じて1時間ごとに更新される。では、**誰かが1時間以内に集中して「買い」を入れたら**どうなるだろう?

もちろん、ランキング入りしている本のほとんどは自然な状態で上位に位置しているのだが、なかには「人工的に押し上げられている本」も存在するのだ。

そういったケースのほとんどが「amazonキャンペーン」という著者主催の販促キャンペーンが絡んでいる。なるべく多くの人に買ってもらうためにamazonでの書籍購入者には何らかの特典をつける、という形で行っているケースが多い。

そのような場合、ランキングだけを見ていると、キャンペーンで上位にいるのか、自然に売れているのか判断がつきかねることがある。

判別方法としては、**ランキングだけを信用しないで、リアル書店での売れ行きや、平積みされているかどうかもチェックする**のが一番だが、そうなるとネット書店ならではの便利さが損なわれてしまうのも厄介である。

まあ、著者にしてみれば、本を出すことは人生の一大イベントであることも多いので、amazonキャンペーンを仕掛ける気持ちはわかる。

ただ、なかにはamazonキャンペーンで上位になるためのコンサルティングで数十万円も取る業者もいるらしいので、なかなか大変である。

最近では、こういった背景が知れ渡ったせいか、以前に比べると「amazonで1位」という神通力も薄れているようであるが、それでも、**情報商材や人材マルチ系の著者がホームページや名刺に「amazonで1位になりました!」と書くために、このような操作をしてい**

ることもまま見かける。

まあ、ランキング操作についての説明はさておき、操作されて上位にいる本が中身もよければ問題はないが、おうおうにしてこのような本の場合、タイトルと中身が合っていないケースが多いので注意が必要だ。一読して売り飛ばしてしまえばいいが、この手の本はａｍａｚｏｎのマーケットプレイス（古本市場）にも大量出品されるからたちが悪い。

ちなみに私自身はこれまで書店で本を買ってくれる読者が多いことから、積極的にａｍａｚｏｎキャンペーンに参加してこなかったのだが、今回は本書のテーマの関係上、このイベントに足を踏み入れてみようと思う。結果がどうなるか。また、そのことが本全体の売り上げにどう影響するのか、楽しみではある。

☑「レビュー」は参考になるか

ａｍａｚｏｎには、「商品の説明」「出版社／著者からの内容紹介」「内容（「ＢＯＯＫ」データベースより）」「内容（「ＭＡＲＣ」データベースより）」「著者について」といった欄があり、その本の内容や著者略歴を知ることができる。

とはいえ、これらは出版社や著者が作成したものであり、つまりは売り手の宣伝文だから、基本的に悪いことは書かれていない。

そういう意味で、参考になるのは、実際に読んだ人たちによる「カスタマーレビュー」である。

ただし、これもあまりに歯の浮くようなせりふで褒《ほ》めまくっているような場合、関係者、知人が書き込んだ可能性もある。

逆に内容に関係なく罵倒《ばとう》している場合も、同業者やアンチによる営業妨害である可能性が高い。

なので、一方的なレビューばかりが並んでいる場合には、要注意である。そのような場合、レビューをしている人の名前の横に「**レビューをすべて見る**」という文字があるので、これをクリックしてみると、これまでその人が行ったレビュー履歴を見ることができるので、その履歴から、どのような本をこれまでレビューしてきたのか、一つの著者、出版社に偏《かたよ》っていないか、ということをチェックしてみるといい。

また最近は、書籍によっては「なか見！　検索」という、目次やまえがきを読むことができるサービスに参加しているものも増えている。このサービスがついている書籍なら、ある程度中身を知ることができる。

☑雑誌や新聞の書評から読むべきビジネス書を選ぶコツ

雑誌や新聞に掲載される書評のいい点は、まず執筆者がはっきりしていて、しかも編集したうえで掲載されているため、文章が非常に読みやすく、ポイントもつかみやすい点が挙げられるだろう。

私の場合、新聞は朝日と日経、雑誌はダイヤモンド、プレジデント、東洋経済などを読んでいるが、これらの新聞、雑誌は、総じて読者の年齢層が高い気がする。そのため、書評で取り上げられる書籍も、重厚な内容のものが多いようだ。

旬のビジネス書が書評される媒体としては、ネット上の日経ビジネスアソシエ（http://www.nikkeibp.co.jp/associe/）や日経ＢＰネットキャリワカ（http://www.nikkeibp.co.jp/career/）がおすすめである。日経ビジネスアソシエについては、雑誌も刊行されているが、ネットでも書評ページが特設されている。

また、キャリワカは土井英司氏、小飼弾氏、奥野宣之氏のほかに私も「水野俊哉のブックマトリックス」（http://www.nikkeibp.co.jp/article/column/20090706/165279/）という連載をしている。

新聞で新刊をチェックしたいなら、書評もいいが小説や人文系が中心なので、日経新聞の広告欄がお薦めである。各社が定期的に毎月の新刊の案内や売れている本、増刷した本の広告を出すので、毎日、見ているだけで、ある程度、ビジネス書の情報が掴めるはずである。

また、新聞を含め、各媒体やネット書店の書評をまとめてチェックできるサイトに「書評ブックレビュー検索エンジン」(http://book.cata-log.com/review/)もある。キーワードを入れて、検索をかけると、そのキーワードに関連した書籍の書評を読むことができるので、便利だ。

著者プロフィールの真実

ビジネス書は仕事や人生に役立つ情報を求めて買う人が多いため、小説などのフィクションよりも著者のプロフィールを重視する傾向があるようだ。

ただし、著者プロフィールに書いてあることを、そのまま鵜呑《うの》みにしてしまうのも、ダマされてしまう危険性がある。

なぜなら、出版のプロモーションの手法も進化しており、**出版社やプロデューサーが著者のUSP(ユニーク・セリング・プロポジション)を作る傾向があるから**だ。

「〜マーケッター」「〜コンサルタント」など、オンリーワンになるようなキャッチコピーを名乗ってプロフィールに入れている場合、覚えてもらいやすいし、印象にも残る効果があるのだが、最近は乱立気味である。

承諾営業のテクニックに「権威付け」というのがあり、人はその道の専門家や権威のある人の意見を鵜呑みにしやすい傾向がある。

東大・京大卒、MBA・CPAホルダー、大学教授が書いたから＝役に立つとは限らない。本の場合、肩書きだけ立派でも中身がつまらなければ意味がないからである。

プロフィールやタイトルに「1億円儲けました」「資産が1億あります」「年収2000万円です」という目を惹《ひ》く言葉が躍っていたとしても、本当にお金が儲かる方法が書いてあるとも限らない。

いや、むしろプロフィールやタイトルにそういう文句が躍っている場合は、ダマし本である危険性を考えた方がいいかもしれない。

顔写真が載っているから信用できるかというと、売名目的でバンバン露出しているケースもあり、そうするとだんだんと本の内容も薄くなったりするので、有名な人が書いたから内容もいいかというと、そうともいえず、やはり自分の中に判断基準を持つしかない。

多読者へのアンケート回答では、実務経験とともに挫折経験に注目しているという意見が多かった（中経出版書籍編集部竹村俊介さん、liblo さん他）。

これは確かにプロフィールではUSPの関係でよい面ばかり書かれる傾向があるので、失敗経験が書いてあると信頼性があると同時に、人生経験が長くなるにつれ、「失敗したことがない」などという話には信用がおけなくなる部分もあるのかもしれない。

また「過去の著作に注目する」（つつじさん）という意見も複数あった。これもたしかに複数の著作があるということは、少なくとも前作まではある程度売れたのか、それとも本の中身が評価されたかである可能性が高いので、目安になるだろう。

私などは名刺にも名前しか書いていないし、マスコミの取材もあまり受けない方針にしているのだが、それはあくまで本の中身で判断してほしいからである。

まあ、どちらも個人の価値観なので、露出過多がいいか悪いかは別として、実績も知名度も両方あるのが理想とは言えるだろう。

03 差がつく本の買い方、売り方

最強の本の探し方

本を読むには「探す→買う→読む→アウトプットする」を仕組み化する必要がある。

前述のアンケートで多くの回答の中から目を引いたのは、『資産設計塾』『「好き」を極める仕事術』など数多くの著作があるマネックス・ユニバーシティ代表取締役・内藤忍氏のものだった。彼の場合、

- ・amazonを定期的にチェック
- ・リアル書店をふらふら歩く
- ・日経の書籍広告はチェック
- ・気になる本はすぐ手帳にメモ

という回答であった。

本を探すにあたりまず、

1　自分がどんな本を探しているかを明確にする

2　探している本を発見できるようアンテナを張る

というステップを踏む必要があると思う。

通常の読書であれば、先の探し方で問題ないと思うが、何か特定のジャンルについて深く勉強したい場合にどうやって本を探せばいいのか、私のやり方になるが紹介してみたい。

たとえば、私などは月に10万円分ほど本を買うわけだが、主に仕事の資料である。つまり、これから書く本の資料の蒐集《しゅうしゅう》が主な目的となる。

ここでは勉強本について調べているとしよう。そうするとまず、

1は「古今東西の勉強本」となる。

2についてであるが、やはり内藤氏と同じ、4つの段階を取る。

これで普通に新刊や話題本をチェックすることは可能であろう。特に「気になる本はすぐ手帳にメモ」は大事である。

しかし、私の探しているのは「話題の勉強本」とか「新刊の勉強本」ではなく、「古今東西の勉強本」となるので「**mece検索**」とでも言うべき特殊な方法も使わなければいけないのだ。ここではその手法についても記してみようと思う。

「mece」とは「もれなくダブりなく」を意味するフレームワークである。**探しているジャンルの本を「mece」するために、私はパソコン上に「検索リスト」を作るようにしている。**

まず勉強本であれば、近所の書店で「勉強本」の棚を見れば話題の著者の本や新刊はわかるはずだ。そこでそれらの本の著者名や書名を手帳にメモし、帰宅してamazonで検索をかけるのである。

ここでは「垂直検索」と「横断検索」を使い勉強本を文字通り、網羅したmeceなリストを作っていく。

たとえば勉強本でいうと、amazonの検索窓で「勉強」を検索すると、上から、

最短で結果が出る超勉強法（講談社BIZ）　荘司雅彦
勉強にハマる脳の作り方　篠原菊紀
一生モノの勉強法―京大理系人気教授の戦略……　鎌田浩毅
図解　超高速勉強法―「速さ」は「努力」にまさる！　椋木修三
できる人の勉強法　安河内哲也
本当に頭がよくなる1分間勉強法　石井貴士
もっと効率的に勉強する技術！―1時間の勉……　高島徹治
脳が良くなる耳勉強法　上田渉
資格試験「半年・独学」勉強法　高野博幸

などと最新の売れ筋がでてくる。これらは書店で言うと平積みされている本に相当するだろう。これを「並べかえ」のメニューで「売れている順」にするだけで、

脳が良くなる耳勉強法　上田渉
細野真宏の数学嫌いでも「数学的思考力」が……　細野真宏
本当に必要な人を引き寄せる　頭のいい人脈の作り方　立石剛
4時間半熟睡法　遠藤拓郎

一生モノの勉強法―京大理系人気教授の戦略とノウハウ　鎌田浩毅
脳が冴える15の習慣　記憶・集中・思考力……　築山節
脳にいい勉強法　苫米地英人
聴くだけで脳が活性化する……　苫米地英人

などとリストが変わるので「漏れていた本」をリストに加える。

さらに、野口悠紀雄氏、池谷裕二氏、和田秀樹氏、伊藤真氏といった著者名で「指名検索」。

「超」英語法　（講談社文庫）　野口悠紀雄
「超」勉強法　（講談社文庫）　野口悠紀雄
「超」文章法　（中公新書）　野口悠紀雄

こうして著者別にも垂直検索をし、リストに加えていく。この手順で「垂直検索」を続ければ、かなりリストも充実していくはずだが、今度は「横断検索」をかけるのだ。

「横断検索」とは、ａｍａｚｏｎならではの「この商品を買った人はこんな商品も買っています」をネットサーフィンのように渡り歩いていくのである。

たとえば、『マインドマップ資格試験勉強法』から横断検索をかけると↓『マインドマップ読書術』↓『アインシュタイン・ファクター』↓『年収が10倍アップする！　フィッシュボーンノート術』↓『影響力の武器　実践編――「イエス！」を引き出す50の秘訣』など、どんどん新しい本が登場するので、必要に応じて再び「垂直検索」や「指名検索」も交えることで、「ｍｅｃｅ」リストがどんどん完成に近づいてくる。

こうして検索をしている間にも近所の書店で新刊をチェックしたり、大型書店で棚をチェックしてめぼしいものをノートに書いて家でリストに追加していく。

そして完成したリストをまとめて近所の大型書店などにファックスで流し、在庫を確認してもらうのである。

なぜ大型書店でファックス注文するかというと、近所の書店だと、まず在庫がないため取り寄せになってしまい、その場合、全部の本が揃うまでに2～3週間は最低でもかかってしまう。また、ａｍａｚｏｎでコレだけの冊数を一度に頼むのも大変だし、その都度注文するのではなく、一度リスト化してから発注するので、もう一度、入力しなおさなければならないということになる。

これが大型書店であれば、ビジネス書の担当者が調べてくれるし、５０００円以上（店によっては1万円）は配送料無料になるので、買いに行くよりお得である。しかも、これほど大量に注文すると、当然のように相手の対応も親切になるし、綺麗に梱包《こんぽう》された資料が宅送されてくると「上得意」になったような気分も味わえる。

手間はかかるが一度、このｍｅｃｅリスト注文を覚えるとなかなかやめられない。

もちろん私のように大量注文でなければ各ネット書店それぞれの強みがあるので、検索↓即注文の方が便利な場合もあるだろう。

アマゾンは、年会費を払ってプレミアム会員になれば、何冊買っても送料無料で、在庫のある商品は基本的に翌日配達となるし、アフィリエイトプログラムも豊富に用意されている。

セブンアンドワイなら昼間自宅にいないという人でもコンビニ受け取りが可能だし、楽天ブックスはポイントがたまるなど、各ネット書店にはさまざまな特色があるので、賢く利用したい。

検索サイトには「想」(http://imagine.bookmap.info/index.jsp)もありおすすめである。

リアル書店vsネット書店

先に述べたように**私自身は書籍の資料はネットで検索したものを大型書店で購入する派**であるが、それ以外の本は近所の書店に毎日顔を出して購入するし、絶版本などはａｍａｚｏｎのマーケットプレイスを利用している。

多読派のアンケートを見ると、リアル書店派とネット書店派、両方を使い分ける派に分かれた。
　リアル書店派は、
「実物を見ないとレイアウトや装丁といったテイストがわからない」（内藤忍さん）
「実際に現金で買うと厳選して本を選ぶ気になるから」（すみだひろみさん）
「ネット書店だと、配達がほとんど受け取れないから」（坂口孝則さん）
などとなり、装丁や中身を確認したい人、本との出会いを求める意見が多かった。
　一方のネット書店派は、
「リアル書店に行く時間がとれない」（若だんなat新宿）
「欲しいときに注文できるから」（松本秀幸さん）
「本を持ち帰るのが重いから」（ｌｉｂｒｏさん）
など、主に仕事の関係で書店に行く時間がない、いつでも注文できる、持ち帰る必要がない、など利便性を求める意見が多かった。
　面白いのが使い分け派である。
「リアル書店は知らない本との出会いを演出してくれる。逆に、ブロガーなどが紹介している本は、そのブロガーのアフィリエイト経由で買う。リアル書店で手に入らない本はネット書店で注文」（傳智之さん）
「新刊はネット書店、出版から時間が経っている本はリアル書店。理由は近所のリアル書店の

新刊の入荷があまりにも遅く、へたすると1カ月ぐらい待たされる」（一龍さん）
「リアル書店では、最新刊のものを買うことが多い。ネット書店では、少し前の発売の本でリアル書店で見つけにくい（在庫がない）本を買う場合が多い」（澤田正哉さん）
「新刊はリアル書店がメイン。実際に手にとることができる点、関連する本を検索できる点がいい。逆に、古書についてはネット書店が多い」（つつじさん）
など、それぞれこだわりのある回答が集まったが、面白いのは**都心部に住んでいる人は新刊をリアル書店で購入し、発売から時間のたったものをネットで購入、地方在住の方は逆に新刊をネットで買うという傾向**が見られたことだ。
これは都内の大型書店などをチェックしているとわかることだが、新刊の話題本は目立つところに平積みしてあるので見つけやすいが、棚ざしになってしまうと極端に蔵書数が多いため、目的の本を探しにくいからだと思われる。逆に地方の書店の場合、目的の本をみつけるのは便利だが、配本の関係で新刊本の到着が遅れる傾向があるようだ。
つまり、**都市部と地方ではリアル書店とネット書店に求める傾向が逆転しているのである。**
最近の大型書店は、蔵書数が増加傾向にあり、全部のフロアーを回るとゆうに数時間はかかってしまうような店も多い。しかし、
「両方。ネット書店は、紹介された本や決め打ちで購入する。リアル書店は、あてもなくさまよって、シンクロニシティでビビッときた本を買う。このときの快感もまたなんとも言い難い

ものがある」（きょう　こころのクリニック姜昌勲）の意見のように、書店で表紙や装丁、またはタイトルが気になって手に取った本が大当たりだった時の快感は本好きにはたまらないものがあるのも事実だ。

ましてやその本が何度も繰り返し読んでしまうような「人生を変える一冊」だった場合には**大げさでもなんでもなく、セレンディピティやシンクロニシティを感じた経験のある人もいるだろう。**地方在住の方も、そんな出会いを求めて、たまには大型書店へ出向いてみてはいかがだろう。

☑本の保管法

私の場合、現在、本棚は5個あるが、ただ保管するのではなく、書店や図書館と同じようにジャンル分けして整理してある。

「マネー・投資本」「成功本　自己啓発関係」「成功本　最近のベストセラー」「人文系の本」「心理学の本」「脳機能の本」「小説」「婚活の本」「新書」「経営に関する本」「ビジネス書のベストセラー」などカテゴリー別（さらには著者別）に保管しているので、「たしか脳の記憶に関する記述で……」などと調べたい項目が思い浮かんだ時は、関連する棚の背表紙を眺めて、どの本に該当する記述があったか思い出す。

わからない場合は目星をつけて数冊抜き出して、付箋《ふせん》のついたページを中心にスキャンすれば、読むときに後で使いそうな箇所には必ず付箋を貼ってあるので、それほど苦労せずに、みつけることができる。

引用時は本を見ながら入力すると面倒なので、該当ページは必要に応じてコピーしてしまう。

☑プチせどり大回転で本代を浮かせる方法

「せどり」とは、**古本屋などで安く仕入れた本を、別の古本屋で高く売却することである。**特にブックオフの100円コーナーには、高値で売却できる本が埋もれていることが知られ一時ブームとなった。

せどりには、専業のプロもいるらしいが、一種の裁定取引だといえる。

ネットの書店でもａｍａｚｏｎなどはマーケットプレイスという中古市場があるので、ちょっとした価格のズレを利用すると、月の本代を大幅に節約することが可能である。

たとえば、６月某日のａｍａｚｏｎで人気の本とマーケットプレイスの最高値を比較すると、定価とほぼ同じか、場合によっては品切れでマーケットプレイスの方が高くなっていることすらあった。

『1Q84』　定価1800円→売値2450円（差額＋650円）
『全脳思考』　定価2000円→売値1750円
『貧乏はお金持ち』　定価1600円→売値1339円
『単純な脳　複雑な「私」』　定価1700円→売値1605円
『影響力の武器　実践編』　定価2000円→売値3629円（差額＋1629円）

つまり、話題の本、内容のしっかりした本であれば発売後すぐ購入し、誰よりも早く読み終えて出品すればほとんどタダで読書することができるので、これを繰り返すと2000円で2万円（10回転）読書することは十分に可能であり、運良く『1Q84』などのように定価より値上がりしているケースだと少しおこづかいが増えていくというメリットもある。

私自身は本は保管しておくタイプのため、「二度と読まないし、今後資料として使用しない」と判断しない限り本を手放すことはないのだが、面白いからマーケットプレイスのチェックはたまにしている。

近年だとミシュランガイドなどは、定価の倍くらいの値段で取引されていたし、100万部強のベストセラーになるような本の発売直後であれば、ほぼ値崩れしないため、話題になっているうちに読んで売ってしまえば、結果的に、ほぼただで読むことは可能である。

問題があるとすれば、**すぐに本を買って読まなければいけないことと、本を保管（所有）することができない点**である。

どうしてもおこづかいに余裕がなく、なおかつ読書はしたい、ということであれば、新刊・話題本を誰よりも早く購入して売却する「プチせどり」で、どんどん本を読みまくってみてはどうだろうか？

ただし、話題本ほど人気のピークが過ぎると出品が激増し、売値も急激に下がるので、即座に出品する判断力が要求される。売り時を誤るとものによっては10円以下になってしまい大損しかねない。まあ、大損といってもせいぜい1000円程度の話なのだが、食費を削ってでも本を買おうという方は、頑張ってみてほしい。

PART 2

ビジネス書が200%身につく読書術

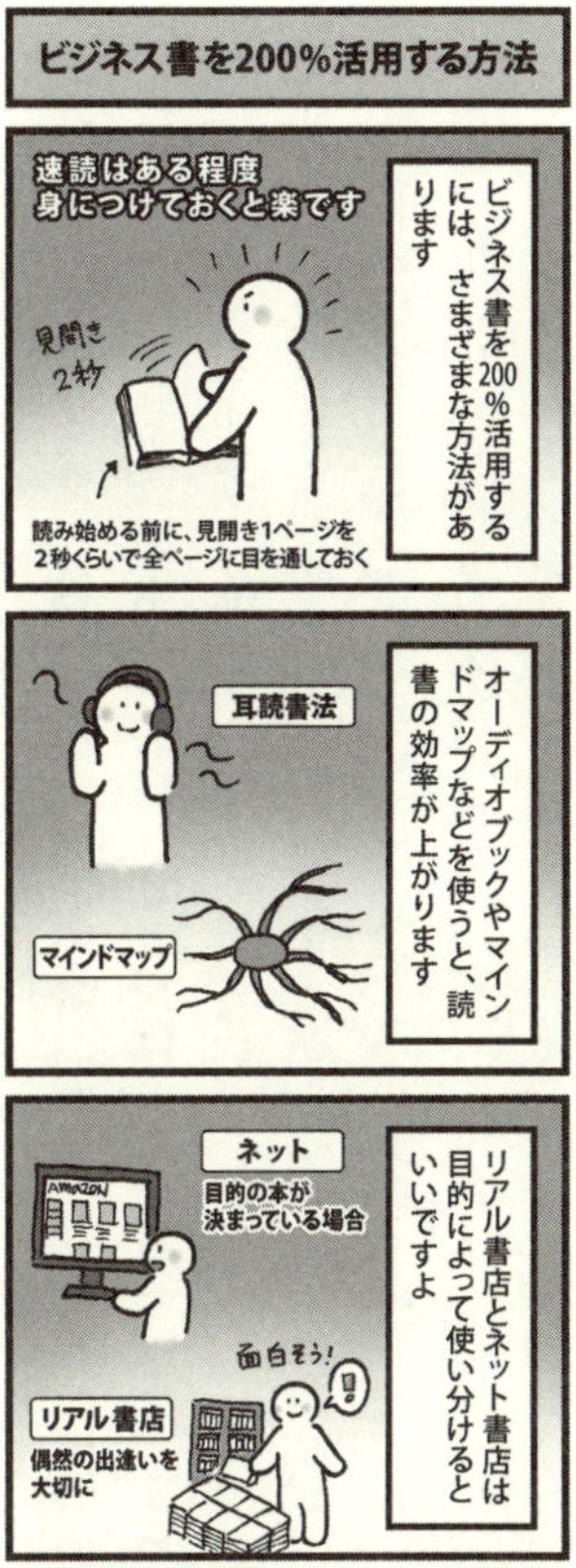
ビジネス書を200%活用する方法
ビジネス書を200%活用するには、さまざまな方法があります
速読はある程度身につけておくと楽です
見開き2秒
読み始める前に、見開き1ページを2秒くらいで全ページに目を通しておく
オーディオブックやマインドマップなどを使うと、読書の効率が上がります
耳読書法
マインドマップ
リアル書店とネット書店は目的によって使い分けるといいですよ
ネット
目的の本が決まっている場合
AMAZON
面白そう!
リアル書店
偶然の出逢いを大切に
ビジネス書を読む時は「本とデートする」くらいの気持ちで臨むのがいいのです!
ぽっ
ビジネス書さん…
ビ
勉子さん…

01 ポイントを読み取る読書術

年間1000冊読む私の流儀

私が08年に読んだ本はのべ1000冊にもなる。1日平均に換算すると約3冊である。

よく多読を自慢する方がいるが、本の見出しに年間1000冊なんてうたっているケースというのは、若干、誇張している部分もあるのではないかと思う。なにしろ08年の11月に『成功本50冊「勝ち抜け」案内』（光文社）にとりかかってから、09年2月に『「法則」のトリセツ』（徳間書店）を出すまで、それぞれの本のために300冊ほど本を読み、ひたすら原稿を執筆し続けていたが、これを実現するのは並の生活ではできない。

1日の作業時間はだいたい10時間以上であり、朝起きてから寝るまでほとんど、いかに効率よく読んで書くかを日々模索し続けていたといっていい。そのお陰で08年などは、まったくのプライベートの用事で出かけた日は5日未満であった。

もちろんまったく読まない日もあったかもしれないが、多い日は1日10冊くらい読み飛ばしていたし、書評用の精読に関しても同じ本を3回読むようにしていたので、のべ1000冊以上というのは紛れもない事実である。

さらにいうと、私の読書術はただ早く読むことだけが目的なわけではない。内容を把握し、それを要約しなくてはならないのだ。それがうまくできなければ、これまでの著書の存在もなかったわけであるし、ネット上の有名ブロガーなどから高い評価をいただいたり、雑誌（「週刊SPA!」）や日経BPネットで書評の連載を持つこともなかっただろう。

つまり、本を読む技術が高いということにもなるのだろうが、もともと本を早く正確に読める人間だったわけではない。締め切りに対応するために、試行錯誤を重ねるうちに、だんだん読むスピードや正確性がアップしたのである。進化したと言ってもいいかもしれない。

フォトリーディングと『1Q84』

国民的作家、村上春樹氏の新作『1Q84』（新潮社）には、ディスレクシア（読字障害）だが不思議な感受性を持った少女、ふかえり（深田絵里子）が登場する。

ディスレクシア（読字障害）とは、「短い文章を読むぶんには支障はないが、それが積み重なって長いものとなると、情報処理能力が追いつかなくなる。文字とその表意性が頭の中でうまく結びつかないのだ。それが一般的なディスレクシアの症状だ」（『1Q84』より）と説明されている。

このことにより、ふかえりは、「本を読むことも、長い文章を書くこともおぼつかない」のだが、普通の人間には見えない出来事を感じ取ることができ、「空気さなぎ」という不思議な小説を書き、作中でベストセラーとなっている。そして、アインシュタインやエジソン、チャーリー・ミンガスなどもディスレクシアであった、と説明されている。

また、ふかえりは、耳で聞き取ったことをそのまま記憶する能力が、人並み外れて発達しており、テープで聞いた『平家物語』を暗唱して、主人公の天吾を仰天させるエピソードも登場する。

同じような症状に「サヴァン症候群」という、膨大な視覚情報を瞬時に記憶する能力を持った人々がいる。

映画「レインマン」でダスティン・ホフマンが演じる登場人物が有名だが、サヴァン症候群の人の多くは左脳の働きに障害を持つ代わりに、右脳の働きが常人を超える発達を見せるケースが多く、視覚記憶や計算、芸術などの領域で超人的な能力を発揮することが知られている。

世の中には速読術、多読術の本が溢《あふ》れている。

確かに、ビジネス書を読む際に、いかに早く大量に情報をインプットするか、という観点は重要である。だからと言って、速読術の本を読む程度ならいいが、高いお金を払ってフォトリーディングの講座に通う必要があるのかは疑問に思う。

現在のフォトリーディングブームは、勝間和代氏が、『年収10倍アップ勉強術』（ディスカヴァー・トゥエンティワン）で、自身がフォトリーディングの講座に通って本を読むスピードが何倍にもなってインプット能力が飛躍的にアップしたと書いた影響も大きいと思うのだが、だいたい2泊3日で10万円とか15万円も支払うなら、そのお金でビジネス書を100冊買って気合を入れて読みきれば、知識もリーディングスキルも身につくのではないかと思うのである。

速読は本当に役に立つのか？

実は、私自身は、フォトリーディングの講座を受けたことはないが、フォトリーディング的なスキルは知らず知らず身につけてしまっていたようだ。

セミナーで「なぜそんなに早く大量の本を読めるのか？」と質問され、普段やっている読み方を披露したところ、「それはフォトリーディングの手法だ」と指摘されたのだ。

それで、帰宅してから何冊かフォトリーディング系の速読術の本を読んで調べたところ、私の本の読み方とフォトリーディングのスキルに共通点が多いことがわかった。

ただし、フォトリーディングについては、「本当に写真のように記憶できるのか？」という疑問を持つ人が多いようだが、**私自身の正直な感想を言わせてもらえば、「写真のような視覚**

記憶を一般人が身につけるのは普通に無理」であろう。

「だいたい何が書いてあったかわかるレベル」ではないかと思う。

加速学習の本の一部には「人間の脳力の約90％は普段使われていない」とか「右脳の情報能力は毎秒1000万ビットを超える」「潜在意識の力を使えば本一冊の暗記は可能」などなど、怪しげな記述が多いのだが、不思議なことに、脳科学の本を何冊読んでも、そういった研究結果にお目にかかったことはないのはなぜだろうか。

だいたい、写真的な記憶を持つ人に対して「サヴァン症候群」という名前がつけられていることから考えても、一般の人がそうした特殊能力をちょっと練習しただけで身につけることができると考えることに無理があるのは簡単にわかるだろう。

もしも、本が1分程度で読めて内容を理解できるのであれば、とっくに予備校などが、その手法を受験生に教えていてもおかしくない。資格試験や受験など、真剣勝負の場で、フォトリーディング的な手法が導入されていない時点で、再現性に疑問符がつく気がしてならないのだ。

現代文のカリスマ受験講師である出口汪氏は、『出口式ロジカル・リーディング』（インデックスコミュニケーションズ）で、

「巷《ちまた》の速読法の多くは斜め読み、飛ばし読みの方法である。確かに早く読めるかもしれないが、論理に基づくものでない限り、真に文章を理解できるわけではない。

早く読むためには、筆者の立てた筋道を早く、正確に読み取らなければならない。それ以外

の読み方など本来、ないはずである」と書いているが、私も同感である。

以下、ごくごくまっとうな速読法について考えてみたい。

ごくごくまっとうな速読法の範囲

私が考えるごくごくまっとうな速読法の範囲とは、写真的な記憶に頼らず、物理的に視覚で字を読み取れるレベルである。

先にフォトリーディング系の速読術の本と、私の本の読み方に共通典があった、と書いたが主に以下の5つの要素になる。フォトリーディングの手法自体には私は懐疑的ではあるが、読書の理解力を高めるという観点において、この5つの要素は重要と思われる。

1 本を読む目的を明確にする
2 目標を立ててアファメーションする
3 本を要素分解して大事な部分（特に目次とまえがき）から読む
4 集中して一気に読む
5 何度も繰り返し読む

1　本を読む目的を明確にする

フォトリーディング系の速読術の本として有名な『あなたもいままでの10倍速く本が読める』（ポール・R・シーリィ、フォレスト出版）では、速読を「準備」「プレビュー」「フォトリーディング」「アクティベーション」「高速リーディング」の5ステップに分けている。

そのうちステップ1の「準備」は「読書の目的を明確化する」「理想的な学習状態である『リラックスした集中状態』に入る」としている。

私自身もまず本を読む場合には、「目的を明確にする」ことが習慣になっている。

私の場合、本を読む目的は①書評する、②執筆の資料として読む、③書評もしくは執筆の資料になる本か判断する、④知人の書いた本か献本された本に目を通す、⑤娯楽・暇つぶし、である。

このいずれかによって、読み方も違ってくるわけだ（このうち④と⑤は仕事とは関係ないので除外する）。

「①書評する」と「②執筆の資料として読む」場合は、完全に内容を理解する必要があるので、フォトリーディングなどもっての外、先の1～5までの段階をきちんと踏んで読む必要がある。

逆に読む目的が、「③書評もしくは執筆の資料になる本か判断する」ケースでは、1冊30分程度で速読してしまう。一応、付箋も貼りながら読むが、1ページ10秒程度で読み進めていくので、「フォトリーディングの講座を受けた人」のような読み方になっていると思う。しかし、なんのことはない、①と②に値する本かどうかをチェックしているだけなので、翌日には綺麗さっぱり本の内容は忘れてしまう読み方である。

同様に、ビジネスパーソンも、ビジネス書からきちんとした知識を得たい、身につけたいと思うならば、次の段階の2へと進むことになるし、企画の資料となるか判断したい、という程度なら、速読でいいわけだ。

2 目標を立ててアファメーションする

ここで「①書評する」か「②執筆の資料として読む」の対象になった本に関しては、「2目標を立ててアファメーションする」の段階へと移行することとなる。

アファメーションとは、成功本でよく出てくる用語で、「肯定的自己催眠」というような意味であるが、例えば書評の場合であれば、「この本を2時間で読み、著者になりきり、もっとも主張したい内容を読み取るのだ」などと暗示をかける。

執筆の資料にする場合、「この本の中から次の本の執筆に関連する部分だけは記憶する」などと目標を設定するわけである。

3 本を要素分解して大事な部分から読む

そして3の「本を要素分解して大事な部分（特に目次とまえがき）から読む」の段階になる

が、ビジネス書は、なにも頭から順序立てて読む必要はない。むしろ、その本の内容を、構造的に把握するようにしたほうがいいだろう。

本の構成要素は、**Aタイトル**、**Bまえがき**、**C目次**、**D本文**、**Eあとがき**、となる。これらを頭から順番に読むのではなく、A→B→E→C→Dの順番で読んでいくのだ。もっといえば、本文に関しても、見出しや太字だけ先に読んでしまい、その後、通読するというテクニックもある。

最近は章ごとに、大事なポイントをまとめている本もあるので、そこから先に読んで、補足説明として本文を読むというやりかたもある。

何百冊もベストセラーを読み続けて気づいたことは、ベストセラーになるようなビジネス書ほど、タイトルとまえがきに内容が集約されている、ということだ。

タイトルに関しては後の書き方で詳しく説明するが、まえがきに内容が集約されているというのはどういうことだろうか。

それは、**最近のベストセラービジネス書ほど、「まえがき」に本全体の重要な部分が簡潔にまとめられている**ケースが多いのだ。

これに気づいたのは本の要約をしている時だった。よく売れている本ほど、重要だと思って付箋を貼っていた部分が「まえがき」の内容と重なっていることが多かったのだ。

本を早く読んで理解するためには、まずは「まえがき」や「目次」をしっかり読み、大体、どのようなことが書かれているのか把握してから読んだほうがよい。これは受験用の問題集で答えを見てから問題を解くような効果がある。なにしろ本の要旨がまとめられているのだから、そこから読めば、理解は早い。

つまり、**全体像を俯瞰《ふかん》しながら読み進めるイメージ**と言ったらわかりやすいだろう。

また、俯瞰して読むにあたっては、本文も見出しや太字に注目したり、章ごとにまとめがついている場合は、そこを読んでから章の頭にとりかかる、というのも有効である。

「あとがき」も、その本を書いた動機や執筆で苦労した点など、著者の本音が書かれていることがあるので、ＡＢＣＤＥの順ではなく、Ａ↓Ｂ↓Ｅ↓Ｃ↓Ｄの順で読むことをおすすめしたい。

4　集中して一気に読むことで、内容が記憶される

すでに述べたように、私の場合は本を読む目的は、書評をするためか、本を執筆するための資料としてである。

細かい手法はまた別の項で詳述するが、前者の場合、約２００〜３００ページもの本をたった２〜３ページに要約して解説する作業になるので、この本の中で著者が最も訴えかけたい点はどこかというＡＰＭ（Author's Primary Message、最も著者が訴えかけたいポイントという意）を常に意識して読んでいるのだ。そのためには前述のように、「まえがき」をよく読

み、目次の構成をチェックし、最後に「あとがき」を読み、そこからおもむろに読み始める。そして一気に読破するのがこつである。

なぜ一気に読破するかというと、脳の短期メモリーに一気にポイントだけ焼き付けてしまうからだ。これが1日おきに1時間ずつ読んでいると、読破するまでに5日かかるので、最初の日に読んだ部分のどこが重要なのかなどを忘れてしまうことがあり、そうするともう一度読み直さなければいけないから効率が悪いのだ。

イメージ的には本を一冊頭の中にインストールしてしまうような感覚である。つまり全文記憶するのだ。こうかくと自分は記憶力に自信がない、と臆《おく》する人もでてきそうだが、心配ご無用である。

なぜならば、たいていは記憶力ではなく集中力が続かないことに問題があるのである。どういうことかというと、とにかく脳に焼き付けるつもりで一冊精読するのである。フォトリーディングとの最大の違いはここで、パラパラ読むのではなく一度は精読する点である。

私自身、本を一冊丸暗記するといっても、空で一字一句暗唱するのは不可能である。

しかし、前準備をして重要なところに付箋を貼り、もう一度読み直した本であれば、その本に関係するテーマについて誰かと話している際に、**「そういえばあの本にはこういうことが書いてあった」などと思い出して説明することはできる。**

つまり、その本の中から自分なりに重要だと思った部分についてだけは、後で記憶を再現できるようになっているのである。ただし、電車の移動中などの暇つぶしで読んだだけの本では、こういう芸当は不可能である。

5 感銘を受けた本は3回は繰り返し読む

読んでいる最中には内容に感銘を受けたのに、数日たってみると、感銘を受けたことは覚えているものの、肝心な内容についてはよく覚えていない、といった経験をされたこともあると思う。これでは本末転倒である。

感銘を受けた本に出会ったならば、そうした本は、できれば3回読んだほうがいい。そうすることで、**本の内容はあなたの一生モノの知的財産として活用できるようになる。**

まず1回目は、まえがきとあとがきを読んだら本文を精読する。そこで「これは！」という内容や言葉に出会ったら、付箋を貼っておく。

そして2回目は付箋を貼ったところを中心に読む。そして3回目には、ブログや読書メモを作りながら、ぱらぱらとページを手繰りながら、通読するのだ。

短期記憶を長期記憶にするには、繰り返し読むとよいとされている。短期間に3度脳に焼き付けることで、短期記憶が長期記憶へと変化し、内容が脳に定着するのである。

02 本を読む習慣を身につける

脳がハマる本読みの動機付け

私が最初の本、『成功本50冊「勝ち抜け」案内』を出版社から依頼されたときの話だが、刊行までに時間がなく、執筆に1カ月の時間しかなかった。ようするに、1カ月以内に50冊の書籍を読んで、その書評を書かなければいけなかったわけだ。

ただし、フォーマットも決まっていなければ、リストすら固まっていなく、方向性が定まらないまま小田原評定のような状態で、いたずらに日が過ぎていった。

そこで私はある日、「1日2冊書評する」と宣言した。走りながら考えることにしたのである。自分の可能性の限界を超えるために「1日に2冊できる」というアファメーションをかけたのだ。1日2冊、大手出版社の編集者の納得のいく書評を提出しなければいけないのだ。

フォトリーディングで適当に斜め読みして、もっともらしく、そこそこ適当な書評でお茶を濁すというわけには到底いかない。

まさに、**この本で著者が何をいいたかったのかという1％の真実を探すための読書**。いわば作者と私の真剣勝負のような読書である。

これを1日2冊。まずターゲットとなる本を一読し、もう一度書評を書くために読み、おもむろに書き始める。2本書き終えたら翌日の書評用の本の下読みである。

もちろん、この頃は経営コンサルタントの仕事をしていたので、合間を縫っての1日2本はかなりハードルの高い作業ではあった。

そして薄氷を踏む思いで書き続けて2週間がたった頃には、私の書く書評が面白いと編集部内で評判になり、この本のためのさまざまなアイデアがでるようなプラスのスパイラルが発生しはじめたのである。

マズローの五段階欲求仮説をみてもわかるように、人間は他人や社会からの強い承認欲求を持っている。ある行動をしたことで、人に認められ、その結果が社会的にも認められるような行為が人間にとってもっとも嬉しい行動なのだ。

そして、一度、ある行動をして認められて報酬が与えられると、人間は何度も繰り返そうとする。

これが報酬による学習理論であり、この報酬とは脳内に放出されるドーパミンのことなのだ。

脳科学者の茂木健一郎氏は、著書『脳を活かす勉強法』（PHP研究所）で、ドーパミン学習法というメソッドを紹介している。ドーパミンとは脳内の快楽物質であり、「人間の脳の中は『ある行動をとったあと、脳の中で〈報酬〉を表す物質が放出されると強化する』という性質を持っているのです。つまり、報酬を得て喜びを実感できた行動を再現し、繰り返したくなる。結果、その行動に熟練していくというわけです。そのカギを握っているのは『ドーパミン』という物質です」と書いている。

ここでいう報酬には「自分の知識欲を満足させる」ことも含まれている。また、脳には強化学習というメカニズムがあり、「人間の脳はドーパミンが分泌された時、どんな行動をとったか克明に記憶し、ことあるごとにその快感を再現しようとします。（中略）二回、三回と繰り返し続けていくたびに、その行動が上達していく。これが学習のメカニズムです」（同書）とも述べている。

このドーパミンによる動機付けがいかに強力かというと、パチンコやドラッグ、セックスに対する依存なども、このドーパミンにハマっているだけのことなのだ。

では、なぜ勉強にドーパミンが関係してくるかというと、**脳の知的活動を司《つかさど》る大脳皮質にドーパミンを放出するA10神経が張り巡らされているからである。**

自分には難しいと思えた問題が解けたり、書物を読んで新しい知識を習得したと実感した時にも我々の頭の中にはドーパミンが放出される。つまり勉強とは本来、パチンコやドラッグやセックスと同じくらい依存性があるのである。しかし、どんなパチンコ好きやセックス好きでもパチンコ雑誌のデータ収集やセックスそのものが仕事になるなど、他人から強制されると段々、当初のやる気が薄れていくように、人間には他人から強制された行動からは報酬が得られにくい性質があるようなのである。つまり、多くの人が勉強嫌いに陥っている原因があるとしたら受験のために親や教師に勉強を強制されて「勉強＝つまらない」と学習してしまっているからなのだ。

しかし、**実は勉強というのも、自発的にハマるととんでもなく、面白いもの**なのである。

たとえば数学者や哲学者が生涯かけて難問に向き合うように、普通のビジネスマンでもビジネス書を読むのが楽しくて、ビジネス書やセミナーに給料の大半をつぎ込んでしまう人もいるくらいである。

勉強は強制された時点でやる気を見出すのは難しくなっていく。

また、かつてのように世の中が豊かな時代においては、自発的にビジネス書を読んで勉強しようという動機も見出しにくい。

しかし、今や不景気の中でのソリューションを個々人がそれぞれ見出さなくてはいけない。個人がイノベーションしなければいけない時代なのである。自分自身の市場価値を高めなければ、価値観の多様化したこの時代を生きていくことはできないのだ。

☑読む姿勢で集中力が異なる

本を読む際に会社や図書館、あるいは移動中に乗り物の中であれば当然、座って読むことになるだろうが、自宅で本を読むケースでは、寝転がって読むか座って読むか、読む姿勢について考えたことはないだろうか。

私などは1日10時間くらい本を読んだり、1日2冊、3冊と仕事で本を読む必要性に迫られるケースなどもあるので、「一体、どういった姿勢で読むのが一番いいか」を自分なりに試行錯誤したものである。

まずは私の結論の前にアンケートを見てみよう。

私の現在の結論は、イスに座って読む派である。以前は寝転がって小説を読んだりする時間に至福の喜びを感じたものだが、仕事で真剣に本を読む必要に迫られて両者を比較した場合、**読むスピードも記憶に残る割合も座って読んだほうが高い実感がある。**

稀《まれ》に寝ながら読むこともあるが、その場合、本当に時間がなくて、たんに寝る間際まで本を読んでいるケースである。そして、そのまま寝てしまうのだが目が覚めると、また本を持って仕事場に行き、続きを読み始めるようにしている。

脳科学の本を読むと、人間は（動物にも）場所に関連する記憶があり、「あることをいつも

● どんな姿勢で本を読む？

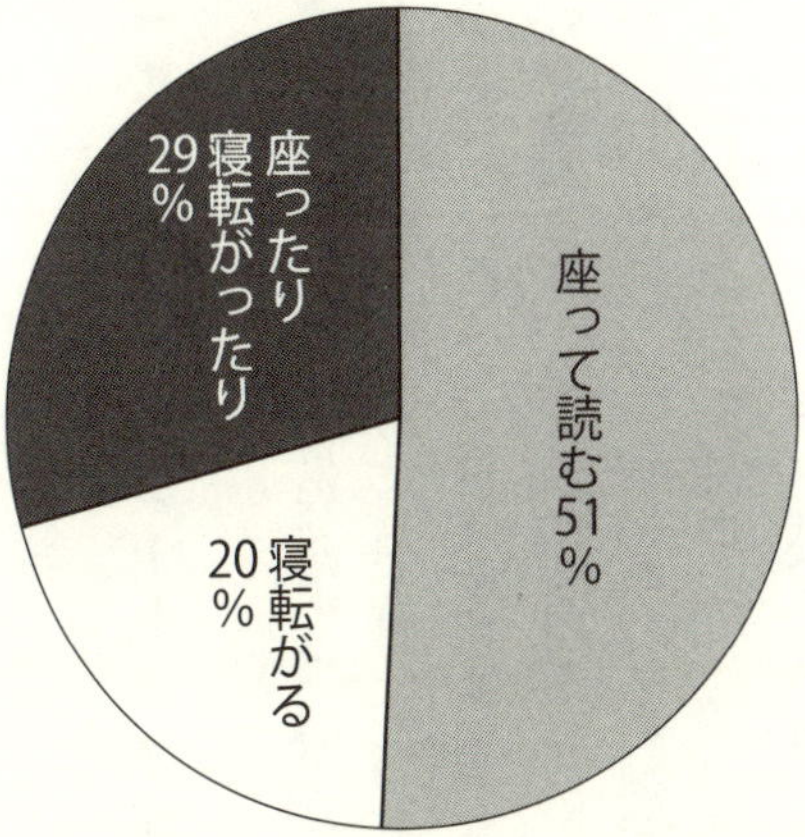

している場所では効率がアップする」という実験結果が出ているのである。マウスの実験でも実証されているそうだ。

つまり、いつも座って本を読み続けているうちに結果的にその場所、その姿勢で本を読むと集中してしまうように学習した、とも言えるだろう。

あくまで娯楽としてマンガや小説を読む場合では寝転がって読んでいて構わないだろうが、ビジネス書読みの場合、触発されたらすぐにアウトプットしたり、関連情報もネットや本棚から引っ張り出せる状態の方が効率はよいと言えそうだ。

03 読書の際の情報整理法

読書にはメモやノートが必須

読書の際の情報整理術の基本は、要点をメモに残すことであろう。その昔は「京大式カード」というカードに本の重要な部分と、それについての感想などを書き写して分類・保管する方法が主流だったようだが、最近はマインドマップやグーグルを用いるデジタル派とA6ノートに代表されるアナログ派に大別されるのではないか。

なかでも、トニー・ブザンの「マインドマップ」は、神田昌典氏や勝間和代氏が大々的に推薦したこともあり、「マインドマップ」の本、スクールも大人気で「マインドマップ」を教えるインストラクターの認定試験まであるそうだ。

マインドマップは、脳の神経回路を模した放射状に伸びるツリー式のメモで、イラストや色使いにより視覚的な関連づけの効果もあるとされている。

またアナログ派においても、『東大合格生のノートはかならず美しい』（太田あや、文藝春秋）に代表される視覚的に美しいノート術の本が売れている。

しかし、私からすると、「マインドマップ」信仰のようなブームには疑問を感じざるを得ない。出版社やマインドマップを広めるビジネスをしている会社に踊らされている部分が大きいように思う。

その理由は単純で、マインドマップがどれだけ優れていても、それを使いこなすために時間や手間や費用がかかりすぎるのであれば、それはその人にとって本来、向いていないやり方である、という考えからである。

同様に、「東大合格生のノートは必ず美しい」というのは言いすぎであろう。

確かに、モダリティの機能に訴えかけた読書術・整理術は脳に残りやすいが、勉強や読書の際にマインドマップを綺麗に書くことが最大の目的ではないし、**同様に受験においても、ノートを綺麗に取ることも大事かもしれないが、本番のテストで何点とれるかがより大事**なのはいうまでもない。

読書の達人たちもその著書で、さまざまなメモの取り方を記述しているが、比べて読むとわかることは、その手法は人それぞれである、ということだ。

高い金を払ってやり方を教えてもらわなくても、小学校からノートを取り続けているのだから、試行錯誤して自分にあったやり方を身につけた方が、長続きするのではないだろうか。もちろん、そのやり方を身につけるために他の人のやり方を参考にするのは、構わないが、いちいち影響を受けていては、いつまでたっても自分のスタイルが確立できない、と私は言いたいのである。

本田直之さんは『レバレッジ・リーディング』（東洋経済新報社）で、「それでは『究極の本』の作り方を紹介します。わたしはこれを『レバレッジメモ』と名づけています。本の大事な部分を抜書きしたメモを作る方法は、人それぞれ自分に合ったやり方があると思いますが、わたしの方法を紹介しましょう。方法といっても、ただパソコンに入力して、A４判サイズのコピー用紙にプリントアウトするだけです。それをいつも身につけて、折に触れて読み返します。しかも、現在の自分に合ったところのみを読むことにしています」とレバレッジメモのつけかたを説明している。

30万部のベストセラーになった奥野宣之氏の『読書は1冊のノートにまとめなさい』では、A６ノートに「書いた日付・本のタイトル・著者名・自分にとって重要な内容（引用）・その本で発生した自分の考え（感想）」を記入する「ねぎま式読書ノート」術を提唱している。

さらにパソコンにも、

「１２　０８０８１１　読書ノート……江戸三百藩最後の藩主／八幡和郎／光文社」

などと索引をデータ化し、後で検索できるようにしておくそうだ。

小山龍介氏は『整理HACKS!』で「書評ブログを書いてデータベースをつくる」ことを提唱しているし（これは私も『成功本50冊「勝ち抜け」案内』で同じ意見を書いている）、原尻淳一氏は、『READING HACKS!』（東洋経済新報社）で、「現代版読書カードはブログに集約できる」というHACKS！を紹介している。

では私はどうしているかというと、後で紹介するが、仕事場にミニコピー&ファックス機を置いているので、大事なページは丸ごとコピーをとって、ファイルに整理することにしている。なぜならメモするのも、パソコンに入力するのも面倒臭いし、本の整理にも役立つからである。

『「法則」のトリセツ』（徳間書店）のような1冊に300冊もの本の内容を凝縮するような本を書く場合、引用箇所をまとめてコピーして、「記憶」「集団心理」「幸福感」などテーマごとにホチキスで止めてしまうのである。

また、普通のビジネス書は1冊ワンテーマである。

つまり、「私の××読書術」みたいな本であれば、大事なページは1冊に10ページくらいであろう。

であれば、読書術の本を10冊くらい買って読破したとしても、何度も読み返すに足る1、2

冊だけ残し、他の本は大事なページだけコピーして売るか図書館に寄贈することも可能になる。

所有する本が増えてくると本の保管場所に頭を悩ますことになる。こういった場合、大事なページが数ページしかなければコピーしてファイリングすれば、大幅な省スペースになるはずである。

ただし、いらない本の処理にあたっては、本に線を引くのか引かないかの大事な話になってくる。

☑本に線を書き込む人と書き込まない人

なぜなら、**本に赤線などを引いてしまうと、いらなくなったら捨てるしか選択肢がなくなってしまう**のだ。古本屋でも赤線だらけの本は値段がほとんどつかないだろうし、人にあげるにしても気が引けるであろう。

ちなみに私は、本に線は引かない派である。なおかつ、ドッグイヤー（折り目）もつけないし、読み終わった本はジャンルごとに整理して書棚に並べておくのがお気に入りである。

しかし、世の読書本のほとんどでは、「線を引く」「余白に文字を書き込む」「マーキングする」「破る」「バラバラにする」など、「本はとにかく汚して、ボロボロにするべきです。汚くするのが、本に対する愛情の示し方です」（『レバレッジ・リーディング』より）という、私から言わせれば本に対する乱暴狼藉もはなはだしい読書法が提唱されている。

これはもう、大好きなものに対する愛情表現の仕方の違い、と捉えるしかないのかもしれないが、恐らく「線を引く派」からすると、「本を綺麗なままで読み終えるなど、まだまだ甘い」という見方になるのかもしれない。

ビジネス書読みとして有名な「ビジネス選書&サマリー」（http://www.bbook.jp/）の藤井孝一氏に至っては、「本は脳の運動器具」（『投資効率を100倍高めるビジネス選書&読書術』〈日本実業出版社〉）であると、いわば「道具」的に捉えているようだ。

ちなみにこの著書では第3章から読み方指南になるのだが、まず「読書の準備として、物理的なことも付け加えておきます。まず、私は読む前に本の間に挟まっている、チラシや宣伝、ハガキなどはすべて捨ててしまいます。続いて、帯もカバーもすべて取り払います。読む際にわずらわしいからです」とし、続いてあろうことか「本を読みやすくするために、手に馴染ませる作業、いわばなめす作業をします。具体的には、各章の扉のページを大きく180度に開き、折り目をつけていくのです。**ハードカバーなどは、バリバリと無惨な音を立てます。ひどいときには、そこから裂けてしまいます**。それでも気にしません」とまで書いてある。

こうして1日1冊以上読破されているということは、藤井氏の手によって年間約400冊もの本が、無惨にびりびりと引き裂かれているわけだが、「男性なら、子どものころに経験があると思いますが、新品のグローブを買うと、手に馴染ませるために、踏みつけたり、ワザと水洗いしたり、手洗いしたりすると思います。これと同じ感覚です」と、微塵も罪悪感（？）など感じている様子はない。もちろん線引きも三色ボールペンで書きまくり、「大事なことは、ペンを臨戦態勢にしておきながら読むことです」とおっしゃっている。

とは言え、残念ながら、あらゆる読書術の本を読んでも「線を引く派」「本を汚す派」が優勢をしめており、私のように「本には何も書き込まない派」（付箋を貼ってコピーをとるのみ）は少数派である。

それでも、こうして色々な本を読んでそれをまとめる本が書けるのだから、結論としては情報整理術は自分に合った方法で、とさせていただきたい。

04 読書を効率化するグッズ

本を読むのに便利なツール集

読書による知的生産術を極めていくと、文房具やインターネットのサイトなど、効率をアップさせるツールに辿《たど》りつくようだ。

ここでは読書本や知的生産術のベストセラーで紹介されている「本を読むのに便利なツール集」を紹介したい。

まずはじめは勝間和代氏の『効率が10倍アップする新・知的生産術』（ダイヤモンド社）より。

この本は、副題が「自分をグーグル化する技術」となっているようにＧｍａｉｌなどグーグルの使い倒し方に力が入っているのだが、口絵の勝間氏自身が登場するページで、数々のグッズが紹介されている。勝間氏のグッズは、自身が自転車で通勤しているということもあり、ノートパソコンやデジタル・オーディオ・プレーヤーなどモバイル性の高いグッズを中心に紹介している。

巻末にはお薦め書籍116、厳選AudioBook33、お薦め検索サイトも掲載されている。

続いて古市幸雄氏の『「1日30分」を続けなさい』では、巻末の「勉強効率をアップさせるツール」で、耳栓やイス、スタンドなど、こちらは自宅やオフィスなどで便利なグッズが紹介されている。

奥野宣之氏の『読書は1冊のノートにまとめなさい』では、書名どおり、ペンや付箋などノートにまとめるためのグッズが中心となっている。

本田直之氏の『レバレッジ勉強法』では、ライフ社のライティングペーパーやマジョーレのペンケース6本タイプなど、こだわりの品が紹介されている。

こうしたグッズについては、『やっぱり欲しい文房具～ステイショナリー評論家がえらんだ普段使いの傑作たち』（土橋正、技術評論社）などの本もおすすめだ。

☑水野俊哉の読書7つ道具

ちなみに私自身も「読書7つ道具」を考えてみた。以下がその7つだ。

①付箋　三菱スリーエム
②ノート＋ボールペン
③音楽
④オヤツ
⑤パソコン
⑥イス
⑦コピー＆ファックス

それぞれ説明しよう。

①**付箋**

これは本に貼る付箋とメモ用を併用している。本に貼る付箋は、短冊型のものが色違いで5色入っているものだが、先にも書いたように私は本に一切線などは引かず大事なところには付箋を貼っているため、これはもう必需品であり、外出時も本と付箋はセットでもっていく。また、月に30冊以上本を読むため、5色セットを月に1回は購入するほど大量に消費する。三菱スリーエムのポストイットは7×5㎝四方の黄色い物で、その日にやるｔｏ　ｄｏリストや作業手順など、とにかく思いついたことを色々と書き、処理が終わったら捨てるようにしている。

本を書くにも調べ物・購入リスト・様々な連絡・タイムスケジュールなどメモが必要なので、一週間のスケジュールはパイロットの小型手帳ＰＤ―０９＝８５Ｓに書き込みデスク周りのメモはスリーエムのポストイットに貼る。

②ノート＋ボールペン

ノートはｅｔｒａｎｇｅｒｄｉｃｏｓｔａｒｉｃａ（http://www.etrangerdicostarica.com/）のカラー表紙のノートを全色揃え、日記・アイデアノート、下書き用と使い分けている。アイデアメモ用のスケッチブックも同社の物で、方眼紙のようなタイプなので私の本に登場するマトリックスや図版の下書きはすべてこのスケッチブックに描いている。

ペンはｕｎｉ‐ｂａｌｌ　ｓｉｇｎｏの０・38㎜のタイプをこれも全色揃えている。

③音楽

クラシックや気分に合わせて邦楽を聴く。普段はクラシックを静かに流し、気分を高揚させたい時はＸ‐ジャパン、静かな気持ちになりたい時はコブクロ、情緒的になりたい時はミスチルなどと特殊効果をＢＧＭに求めることもある。

④オヤツ

脳の栄養分は糖分のみなので、チョコで糖分補給。食べると眠くなるので緊急時はおやつで空腹をしのぎ、ヨーグルト、野菜ジュースで栄養補給する。

⑤パソコン

検索、購読リスト作成、原稿執筆など。以前はｍａｃを使っていたが、現在はウインドウズ。自宅ＰＣは２台。出張用のノートが他にある。

⑥イスと机

机は業務用の大きいものを縦横に組み合わせてコの字型に使用。イスは『「法則」のトリセツ』脱稿時に脚が折れて壊れたので、増刷時の印税で、人間工学に基づいた長時間座っても疲れないイスを購入。

⑦コピー&ファックス

現在はブラザーの「ｍｙｍｉｏ」を使用。プリンター、ファックスとしても重宝するが、コピー機能がついているのがポイント。執筆時は資料から必要なページをどんどんコピーする。

05 インプットとアウトプットの法則

インプットしたらアウトプットせよ

ショーペンハウエルは、『読書について』で、「読書は、他人にものを考えてもらうことである」と書いている。「本を読む我々は、他人の考えた過程を反復的にたどるにすぎない」。つまりインプットしただけではダメなのだ。

では、どのように読むかであるが、ビジネス書読みの王道は、本から知識という栄養を入手し、仕事に活かすということになる。

生物学者で『生物と無生物のあいだ』（講談社）がサントリー学芸賞にもなった福岡伸一氏は『動的平衡』（木楽舎）で、飴玉《あめだま》を口の中で唾液で溶かし胃の中に流し込んだ段階では、まだ「体内」に入ったわけではなく、栄養をアミノ酸に分解してはじめて、体内に取り入れられると書いている。

「だから、私たちが食べたものは、口から入り胃や腸に達するが、この時点ではまだ本当の意味で体内に入ったわけではない。まだ私たちの身体の『外側』にあるのだ。

では、いつから食べ物は『体内に入った』ことになるのか。それは、消化管内で消化され、低分子化された栄養素が消化壁を透過して体内の血液中に入ったときである。

そのとき、初めて食べ物は身体の『内部』、すなわちチクワの身の部分に入ったことになる」


つまり、ビジネス書を読んで知識という栄養を入手したら、かならず日々の業務に活かし、仕事の筋力を鍛えるのである。あくまで知識を金にする、スキルアップするという目的のための手段としてのビジネス書であり、ビジネス書を読むこと自体が目的ではない。

わかりやすくいうとインプットしたら必ずアウトプットもしなければ、消化不良を起こすか知識ばかりの頭でっかちな人間になってしまうのである。

会計の知識、営業の知識、勉強の知識、それぞれ活用して初めて生きて、投資したお金が回収できるのだ。

本書の特徴はそこに特化したところであり、知識を身につけ、筋肉質になることを目的にしている。

そしてマッチョになると筋肉を人に見せたくなるものだから、ブログなり本という形でアウトプットしましょう！　と説いているのだ。

入り口があれば出口があるように、インプットした後にアウトプットが待っているから、インプットも効果がアップするのだ。

天才とはこのインプットとアウトプットのサイクルをやりすぎてしまった人である。つまり、あることをうまくやると報酬としてドーパミンが放出されることを学習し、それを過剰に繰り返し続けてしまったのだ。

もちろん、タバコ、酒、ドラッグなど安易な快楽にハマるのではなく、充実感がともなっていなくてはいけない。

マルコム・グラッドウェルの『天才！』（講談社）には、神経学者、ダニエル・レヴィテンのコメントとして「世界レベルの技術に達するにはどんな分野でも、1万時間の練習が必要だ」と書かれている。1万時間……。途方もない時間である。

なにしろ毎日、同じことを8時間ずつやり続けても約3年半。1日3時間だと9年以上もかかってしまう。

これはとてもではないが、本人にとって「それをやること自体が楽しくてしょうがない」状態でなくてはクリアできないだろう。

つまり、天才とはドーパミンがドバドバでまくってしまう人である。

それがどんなに稚拙なものであってもアウトプットされていることが大事なのだ。ブログで書く、勉強会に参加する、あるいは本に書く、など目に見える形の成果物にすることで、自分も他人もそのことに対する評価が可能になる。

テストの勉強や資格試験も同様である。テストであれば勉強したこと自体よりも難しい問題が解けたり、テストの成績が上がるから嬉しいわけで、昨日10時間勉強しました、というアピールでは自己満足であり、10時間勉強したとしても成績が下がってしまったり、試験に落第したら喜べないだろう。

逆に点数が上がったり資格取得に成功したという目に見えた成果があってこそ、それまでのインプットが再評価されるのである。

では、ビジネス書読みの意見はどうか。多読派のアンケートでは、「ブログ」「メモをのこす」「勉強会などで話す」が多かった。

水野のアイデア

私自身の考えでは、ビジネス書のアウトプット活用には主に3つがあると思う。

1　仕事
2　ブログやメルマガ
3　リアルでの交流

1　仕事
は、いうまでもなく、ビジネス書で得た知識などを本業で活かすのである。

2　ブログやメルマガ
また、ブログやメルマガで情報発信するのも手である

3　リアルでの交流
ブログやメルマガで情報発信したらブロガー同士の集まりに参加しても面白いと思うし、最近はビジネス書の読書会が増えている。

つまり、1～3を上手に連動させると、

「働きながらビジネス書を多読して、知識を身につける→情報発信するツール・ユーティリティを作る→人脈・情報・スキルが本業や収入アップなどにつながっていく」

というサイクルになり、さらには出版というステージにたどりつくものもいる。

たとえば、丸山純孝氏のケースである。もともとは東芝のエンジニアであった丸山氏が在職中にスタートしたメルマガ「エンジニアがビジネス書を斬る」(http://www.enbiji.com/)は、

3万部を数え現在は数社のビジネスを所有している。

こうしたケースは、「シゴタノ」（http://cyblog.jp/）の大橋悦夫氏、ブログ「ベストセラー情報局」（http://plaza.rakuten.co.jp/eliesbook/）やメルマガ「ビジネスブックマラソン」（http://www.mag2.com/m/0000135008.html）を発行している土井英司氏、「ビジネス選書&サマリー」（http://www.bbook.jp/）の藤井孝一氏らが有名であろう。

最近だと「人生を変える一冊」（http://jikokei.net/）のビジネスポッドキャスター早川洋平氏のケースも、スタートから一年足らずでミリオンセラー作家を何名もインタビューするなど、めざましい実績が出ている。

☑勉強会・読書会を活用する

「日経ビジネスアソシエ」09年7月21日号では、ビジネスパーソンの間でブームになっている「勉強会」についての特集記事が組まれていた。

本書でも、インプットした後にアウトプットしやすい状況にするための出会いの場・学びの場として、全国のおすすめの勉強会・セミナーを集めてみた。ぜひ参考にしてほしい。

やはり規模が大きいのはビジネス書著者主催の勉強会・交流会である。

大橋悦夫氏は、「シゴタノ！　読書塾」というオンライン企画を毎月開催している（http://

cyblog.jp/c/p1694、http://cyblog.jp/c/p1712の記事を参照)。

また、小山龍介氏は、六本木ヒルズ内の六本木ライブラリーでは、「六本木ライブラリーシナプス」というセミナー・対談シリーズを行っている(会員のみ。http://www.academyhills.com/library/event/index.html)。

ほかにも、平野友朗「ビジネス実践塾」はコミュニティ(500名程度)があり、丸山氏にはauthorconnect.jpという著者の集まりがある。

また、『出逢いの大学』の著者・千葉智之氏は、「パワーディナー」「パワーランチ」というランチやディナーの異業種交流会を都内十数カ所で行っている。

その他、千葉氏はビジネスパーソンの自己研鑽《けんさん》と懇親会での出逢いの場として、講演会+懇親会の「出逢いの大学　特別講座」を開いており、懇親会にはベストセラー作家やブランド人が一堂に会する。

関西では『頭のいい人脈の作り方』(日本実業出版社)の立石剛氏が、ブランド人応援コミュニティープロジェクトR21(http://www.project-r21.com/)を主催している。

九州地区(福岡)では、『弱者の戦略』(経済界)の著者、栢野克己による「九州ベンチャー大学」(http://q-venture.com/)がある。

その他にも、さまざまな勉強会や読書会が開かれているが、それらについては、次ページに一覧を掲載した。こちらも参考にしてほしい。

ビジネス書著者を目指す方には、
ビジネスブックマラソンの土井英司氏のエリエスブックコンサルティングが主催する「出版戦略セミナー」(http://eliesbook.co.jp/)、
ネクストサービスの松尾昭仁が主催する出版セミナー(http://www.next-s.net/kigyou/seminar37.html)及び出版コンサルティングサービス(http://www.next-s.net/publish/index.html)もある。

ちなみに、私自身も現在、小人数制の実践編セミナーとこの本のベースとなった「ベストセラービジネス書がすらすら書けるセミナー」を開催中である。

本では書けなかったことや個別指導も可能なので、たんにセミナーで会ってみたいという人も含め問い合わせや申し込みは happynews@live.jp までお願いしたい。

また、今回のビジネス書のトリセツでも使用しているサービスにアマゾンドットコムなどのオンライン書店キャンペーンを実施する「プロモ商人」がある。

著者ネットワークを活用した、魅力的なキャンペーンを演出し、多くの人に告知することができる。また「メール商人」でキャンペーン参加者を適切にフォローすることにより、著者へのファン客化を促進することができる、というものだ。

詳しくは、プロモ商人サイト(http://www.pshonin.com/)、メール商人サイト(http://www.mshonin.com/)を参照してほしい。

● 各地の勉強会や読書会

名称（URL）	**悪女学研究所**（http://www.110upweb.com/akujyogaku/）
連絡先	toiawase@110upweb.com
ジャンル、主な開催地	社会人サークル、東京
内容説明	働く美女が集う社会人サークル。歴史上の悪女の研究を通して、美しく、タフに生きる為のエッセンスを発信。悪女人脈を駆使し、隔月ごとにベストセラー作家や大学教授などを招き、悪女の「知」の部分を磨く勉強会を行っている。

名称（URL）	**500の会**（http://ameblo.jp/book500/）
連絡先	book500nokai@gmail.com
ジャンル、主な開催地	読書の会、広島・山口・福岡・岡山・埼玉
内容説明	フォトリーディングという速読スキルを使ってビジネス書を読む会。アウトプットの一つとして、５００万円で起業するビジネスプランのプレゼンを行っている。

名称（URL）	**シブヤ駅前読書大学**
連絡先	大盛堂書店店頭、電話03-5784-4900
ジャンル、主な開催地	読書会、東京（渋谷）
内容説明	人気本の著者をゲストに迎え、毎月楽しくて、すぐ役立つトークを展開。“本の面白さ＋著者の知恵”を校長の「本のソムリエ・団長」が引き出す。さらに、団長とゲストによるおすすめ本、座右の書紹介もある。

名称（URL）	**名古屋アウトプット勉強会**（http://c.mixi.jp/output） **東京アウトプット勉強会**（http://mixi.jp/view_community.pl?id=3928594）
連絡先	事務局：名古屋市名東区藤が丘130番地メゾン小嶋1F TEL　052-774-3150　FAX　052-774-3240 nekomachiclub@gmail.com
ジャンル、主な開催地	ビジネス書に特化した読書会（上記以外にも文学・洋書など８つの分科会がある）、名古屋・東京
内容説明	日本最大規模の読書会組織。毎月指定される課題本を読み終えてくることが参加条件。読書を自己完結した閉じられたものではなく、開かれたツールとして捉える。年に３～４回、著者や文化人を招いてのトーク・イベントなども開催。

名称（URL）	**Premium Home Party「@home」**（http://athome-party.net/）
連絡先	info@athome-party.net
ジャンル、主な開催地	異業種交流会（月1回、基本第3週の週末に開催）、東京
内容説明	20代の志の高い若手が中心に集い、「自他共に志気を高めあえる空間」「新たな価値を見出せる空間」などをコンセプトに、家のような居心地のよい会場にてゆっくり語らいつつ、新しいネットワークを築く異業種交流会。

名称（URL）	**広報ウーマンネット**（http://www.pr-woman.net/）
連絡先	contact@pr-woman.net
ジャンル、主な開催地	交流会、東京
内容説明	企業、団体の広報、PR、IRの女性担当者・PR会社の女性・フリーで広報を行っている人・女性経営者・自らのPRを行う個人事業主やクリエーターをつなぐ交流の場。４カ月に1度の広報ウーマンミーティングをはじめ、セミナーなどを開催。サイトでは、広報ウーマンのインタビューも掲載している。

名称（URL）	**福岡おっとり系ビジネスパーソンの会**
連絡先	〒811-1311福岡市南区横手二丁目37番10　ＭＪＲ井尻502 携帯080-1708-6692　FAX092-502-8010　代表　テルリー村上
ジャンル、主な開催地	研究会、福岡

内容説明	福岡の朝を有効活用する会。おっとりした人が成功する秘訣を研究、実験している。その研究対象は、ビジネス本、セミナー、勉強会から日々の身近な出来事まで幅広い。週１回、朝７時から８時までの１時間、カフェで実施している。早起きが可能であれば、誰でも気軽に参加できる。

名称（URL）	**ビジネススキルアップ研究会**（http://busiken.p-kit.com/）
連絡先	win-taguchi@busiken.com
ジャンル、主な開催地	勉強会・異業種交流会、東京
内容説明	スキルアップで仕事を楽しむを合言葉に、仕事の成果に直結する実践的なセミナーや勉強会、異業種交流会を開催。交流会（ビジ研定例会）は、毎月第３水曜日に開催。セミナーでは、著者や著者予備軍が、起業、ブランディングなど多岐にわたるテーマで講演。

名称（URL）	**仙台ビジネス書読書会**（SBC = Sendai Businessbook Club）
連絡先	メール　sendai.businessbook.club@gmail.com　代表者：佐藤英樹または mixi　http://mixi.jp/view_community.pl?id=3985118　管理人：シカモア
ジャンル、主な開催地	読書会、仙台
内容説明	仙台を中心とした東北在住者のビジネス書読書会。初心者から上級者までＯＫだが、参加にあたっては書籍を紹介するという「ギブ」の精神が必要。現在、メンバーは50名程度。楽しい雰囲気の中で和気あいあいとできる「積極的なアウトプット」の場を設定する。

名称（URL）	**読書朝食会 "Reading-Lab" = 岩手 =**（http://mixi.jp/view_community.pl?id=4309933）
連絡先	kizhi07@gmail.com のおがっちまで。
ジャンル、主な開催地	読書会、岩手
内容説明	読書から得られることを朝に皆で時間を過ごしながら共有する朝食会。様々な価値観に触れ、学んだことの実践・定着を目指す。

名称（URL）	**ビジネスマスター会**（http://www.bizpnet.com/master/）
連絡先	http://www.bizpnet.com/master/
ジャンル、主な開催地	勉強会＆交流会、東京
内容説明	経営者視点を持ったビジネスパーソンを目指すビジネスパーソン向けの勉強会、交流会。

名称（URL）	**関西の異業種交流会キックオフ関西**（http://www2.odn.ne.jp/kick-off-kansai）
連絡先	http://www2.odn.ne.jp/kick-off-kansai
ジャンル、主な開催地	異業種交流会、関西
内容説明	参加者の数よりも交流会の質にこだわる関西の異業種交流会。参加申込で不審者をブロックする体制により２年間不審勧誘目的参加者ゼロを継続中。名刺交換会と勉強会の２パターンで開催。

名称（URL）	**大阪ミドウスジ大学**（http://www.rivewell.jp/osakamidosujiuni/）
連絡先	osakamidosuji-uni@rivewell.jp
ジャンル、主な開催地	セミナー、大阪
内容説明	普段大阪にくる機会の少ないビジネス書の著者を招き、毎月一回セミナーを開催。参加者の大半は、会社に依存しない生き方を目指すビジネスパーソン、起業家。

名称（URL）	**Osaka Study Network**（http://osakastudynetwork.seesaa.net/）
連絡先	http://osakastudynetwork.seesaa.net/
ジャンル、主な開催地	勉強会、大阪
内容説明	5人のメンバーが「ビジネス書、セミナー、読むだけ、聞くだけでは終わりたくない。実験してみよう！」というもの。月に１回各々がプレゼンを行って情報交換を行う。また数か月に１回、10人ほどで全員参加型のワークショップを開催。

PART 3

隠れたサインを見抜く「裏読み」術

ビジネス書の「裏読み術」
ビジネス書を読む時は「タイトル」と「はじめに」に注意するべきです
「はじめに」で作者の言いたいことを見抜こう！
はじめに
ここを読むと、どういう本か分かる
料理店で言えば「突き出し」
「はじめに」の書き方は6タイプあります
① 回想
昔は…
② 予告三振
スカッ
③ 説教
今のままでいいと思ってるんですか!
著者の文章テクニックあらかじめ知っておくと無駄に惑わされなくてすみます
④ 自慢
○○○資格
MBA TOEIC
⑤ ロジック型
なぜ？
⑥ エモーショナルマーケ型
夢かなえます!!
ベストセラーは「タイトル」と「はじめに」で読者を夢の世界に誘うのです！
タイトル
はじめに

01 「はじめに」のパターンを読み解け

ベストセラー本に秘められた「読みたくなる秘密」

ベストセラー書となっている本の多くは、読者を引き込む「仕掛け」がほどこされている。その仕掛けとは、「自分にもできるかもしれない」「この人の言うことなら確かだ」と思わせる巧妙なテクニックである。

そして、**それが最もよく現れるのが、「はじめに」や「まえがき」である。**ここで読者を一気に獲得する「つかみ」のテクニックが駆使されていることが多いのだ。

この「**はじめに**」というのは、『**この本はいったい何が書いてあるのか**』を**説明するもので、料理屋でいえばお品書きとか**、もっというと、**突き出しのような役割を果たす**のだ。

読者は表紙やタイトルという店構えや店名を見て暖簾《のれん》をくぐるが、「はじめに」がおいしくないと、料理を食べてもらえない＝帰ってしまう、ものだと考えてほしい。

特に最近のベストセラーになるビジネス書は「はじめに」に力を入れていて、この「はじめに」がおいしいと本番の料理の方も期待できる傾向がある。

ビジネス書を読む場合には、この「タイトル」や「はじめに」に注目することで、作者の本当に言いたいことを見抜けるようになり、いわゆる「誤読」の可能性は格段に低くなる。

読者としては、こうした著者の文章的テクニックをあらかじめ知っておくことで、無駄に惑わされることなく、その本の真価をより摑みやすくなるだろう。

逆に、もしこれから本を書こうと思っている人、あるいは自分がインプットした知見をアウトプットしようと思う人にとっては、このようなテクニックによって、より多くの読者を獲得するヒントとなると思われる。

私が分析したところでは、代表的な「つかみ」のパターンには「**回想型**」「**予告三振型**」「**説教型**」「**自慢型**」「**ロジック型**」「**エモーショナルマーケ型**」などがある。

それを一覧表にしたのが、119ページの表である。

それぞれ説明していこう。

①回想型

回想とは、まえがきにおいて、過去を振り返る回想シーンが差し込まれる手法、パターンのことである。この場合、「私も昔は……でした。でも今は……」などと、ダイエットの本であれば、昔は自分も太っていた、勉強の本であれば、昔は自分もバカだった、お金持ちになるための本であれば昔は自分も貧乏だった、キレイになるための本であれば昔は自分もブスだったなどと一回、自分を卑下して、でも今は（本に書いてある）この方法で〜になったんです！と、アピールする手法である。

この方法は、**成功者や美人で仕事もうまくいっている人でも昔は苦労していた、こんなコンプレックスがあったという告白をすることで読者に親近感を覚えさせる効果**がある。

たとえば、美人で頭がよくて仕事もできる女性が、上から目線で、「私は仕事もできる凄い人です。だから私の言うことを聞きなさい」というスタンスだと、総スカンを食ってしまうのは言うまでもない。

だから、一回、自分のことを落として、落として、落として、でも今は……ですと、笑顔で振り返るイメージで書いてある。

たとえば最近では美人著者として知られる、小室淑恵さんの本などでこの手法が使われている。

「彼女の姿は、実は十数年前の私の姿でもあります。今では起業と同時に子供を出産し、仕事もプライベートも楽しみながら毎日を過ごしていますが、私は大学3年生まで、専業主婦にな

1
2
3
4
5
6

● 代表的な「つかみ」の6パターン

❶ 回想型

「私も昔は○○でした。でも……」

（小室淑恵『キャリアも恋も手に入れる、あなたが輝く働き方』など）

❷ 予告三振型

「この本を読んで○○するとあなたは○○になります」

（舛田光洋『夢をかなえる「そうじ力」』など）

❸ 説教型

「なんであなたは○○できないのか」「勉強しないと○○になる」

（古市幸雄 『「1 日 30 分」を続けなさい！』、勝間和代『新・知的生産術』など）

❹ 自慢型

「私は最年少で○○に合格し、○○賞を受賞、さらに……」

（勝間和代『効率が 10 倍アップする　新・知的生産術』など）

❺ ロジック型

「なぜ○○を読めば読むほど ×× になるのか？」

（水野俊哉『成功本 50 冊「勝ち抜け」案内』など）

❻ エモーショナルマーケ型

「○○は、なぜ○○なのでしょうか？　×× は、なぜいつでも ×× なのでしょうか？　その秘密を、これからたった一行で教えます」

「この本には、あなたが手に取るような仕掛けがしてあったのです。ということは、あなたは、もうすでに○○の魔法にかかっているのです。この本は、その魔法を公開します。非常にパワフルな方法です」

（石井裕之『人生を変える！「心のブレーキ」の外し方』、神田昌典『あなたの会社が 90 日で儲かる！』など）

るのが夢でした。（中略）そんな私が、現在は会社を経営しながら、夫と子供に囲まれ、自分なりに充実した人生を送れるようになったのは、『ワーク（仕事）』と『ライフ（プライベート）』はむしろ相乗効果の関係なのだという、発想の大転換をしたからです。それが、ワーク・ライフ・アンバランスという考え方です」（小室淑恵『キャリアも恋も手に入れる、あなたが輝く働き方』ダイヤモンド社）

これは母校での講演会で、ある女子大生に「日本の企業で女性が出世するのは困難だからあきらめかけていた」と言われた小室さんが昔を回想しているシーンである。

☑ ②予告三振型

予告三振とは、「まえがき」で「この本を読むとあなたは〜〜になってしまう」と予告しているパターンである。

たとえば「〜〜になれる魔法の○○力」などというタイトルがついているケースが多い。

ちなみに、**なぜ予告ホームランではなく、予告三振かというと、著者自らがホームランを打つ！　という予告ではなく、読んだあなたが三振する、というように相手の行動を予告している**ように見えるからだ。言うまでもなく、「俺が三振する！」という予告三振ではないので注意してもらいたい。

「そうじには〝力〟があります。その力を使ってそうじをすると、確実に効果があらわれます。その効果とは、人生におけるさまざまな悩みや問題の好転、事業の反映、幸せな家庭、夢の実現……」（舛田光洋『夢をかなえる「そうじ力」』総合法令出版）

などというように、あなたは「そうじ」をするだけで仕事から恋愛からお金のことまで、人生すべてうまくいく！　と予告三振しているのである。

「そんな馬鹿な！」と思った読者は続きが読みたくなって思わず本を買ってしまう、という仕掛けである。

なぜトイレそうじに、そんな無敵の力が宿っているのか科学的に証明されるわけではない。しかし、あらゆる事例を紹介しながら、「トイレそうじ」（に限らないが）の不思議な力を紹介するのが、この手の本のパターンである。

ちなみに私は、「ある」と思っている。

☑③説教型

説教とは、文字通り、ページを開くや否や、著者より強烈なお叱りの言葉＝説教が浴びせられてしまう、というパターンである。

「彼らがそのようにビジネスで使えない人間になった理由は明らかです。退社後は同僚と居酒屋、電車ではスポーツ新聞、帰宅すると缶ビールとプロ野球……。ビジネス書を読むこともなく、セミナーに通うこともなく、向上心はほぼゼロ。会社に入ってから20年、30年が経ち、時代が変わり、ビジネスパーソンに求められるスキルが大きく変わっているのに、ほとんど何も新しいスキルを習得してこなかったからです。つまり、今まで自分自身にほとんど何も新しいスキルを習得してこなかったのです」（『「1日30分」を続けなさい！』古市幸雄）

これは、最初の2行が当てはまると要注意である。思わずドキッとしたところで、「なんであなたは1日30分も勉強できないのか？」というごもっともな指摘を受けると、思わず「古市さん、ごめんなさい！」と心の中で謝ってしまいそうになる。

なぜ、金を払ってまで説教を受けなければいけないのか、という理不尽さもさることながら、

「勉強しないと」「賢い人が賢くない人からどんどん搾取《さくしゅ》する」（勝間和代氏）など、恐怖心をあおるようなものが多いため、ついつい手にとって読んでしまうのだ。

ただし、反感をもたれては買ってもらえないので、その隙《すき》も与えないほど呪文のようにロジカルに説教をしまくるテクニックが要求される。しかし、破壊力は抜群だ。

④自慢型

これは文字通り自慢がこれでもかとばかりに書き連ねられているパターンである。

「資格・公認会計士2次試験に大学2年生、19歳の時に合格（当時史上最年少記録）。オンライン情報処理技術者試験（現在のテクニカルエンジニア試験）に23歳の時、1回目の受験で合格。（中略）受賞歴・アメリカの経済紙ウォール・ストリート・ジャーナルが選ぶ「世界の最も注目すべき女性50人」に05年に選出。（長いので中略）学歴・慶應義塾大学商学部卒業までは、中等部からエスカレータ方式だったため（かなり長いので後略）」（勝間和代『効率が10倍アップする 新・知的生産術』ダイヤモンド社）

右の文例は勝間和代氏だが、とにかく自慢が長い！ あまりにも長いので途中途中で省略しているのにもかかわらず、この長さである。しかも、私は仕事で彼女の本はすべて読んでいるが、本が出れば出るほど自慢も長くなっているような気がしている……。

そんなに自慢したいのか？　と半ばあきれてしまうが、これは承諾営業のテクニックの1つであると解釈すると**「こんな凄い私の言うことだから聞きなさい」**という**「権威付け」**の効果を生むことに気づく。

やり過ぎに注意だが、著者の「キャラ立ち」という観点から言うと、今までの経歴から何か売りになる部分がないか考え、プロフィールにストーリー性を持たせるテクニックは必要である。

大体、仕事をはじめて5年、10年もすれば、誰でもなんらかのプロフェッショナルなのだ。それは営業のプロかもしれないし、財務のプロ、サービスのプロ、お医者さん、弁護士などなど、さまざまなプロがいるだろう。

ただし、普段はみんなプロなのであえて、あれこれ自分の凄いところを言ったりしないが、本の場合、まったくの他人である読者が読むので、少々大げさに書くくらいでちょうどいい、とは言える。

もちろんプライベートでこんなに自慢ばかりする人間がいたとしたらまず二度と口を利きたいとは思わないが……。

⑤ロジック型

ロジック型とは、「さおだけ屋はなぜ潰《つぶ》れないのか?」など誰もが言われてみればなるほどと思うような「あるある」をみつけて、ロジックをつないでいく手法である。

たとえば、たまたま私の第一作もこのロジック型だ。

「それほどまでに『成功本』が氾濫《はんらん》し、多くの人が『成功本』を読んでいるなかで、1つ疑問がある。それは……『成功本を読んでいるのに、なぜみんな貧乏なのか?』ということである」（『成功本50冊「勝ち抜け」案内』水野俊哉）

実はこの本は、タイトルも最初は『なぜ成功本を読めば読むほど貧乏になるのか?』だったのだが、タイトル会議で「それでは、あんまりだ。もう少し前向きな方向にすべき」という物言いがつき、『成功本50冊「勝ち抜け」案内』になったという経緯がある。

さて、それはさておき、このロジック型は、「さおだけ屋はなぜ潰れないのか?」、「なぜ、社長のベンツは4ドアなのか?」、「なぜ、社員同士で協力できないのか?」（『不機嫌な職場』）などの「あるある」を発見した際に、

「なぜ～～は～～～なのか？　それは～～～で～～～だからです。
例を挙げると　①……、②……、③……などがあります。
それぞれ1は○○、2は××、3は△△なのです。
しかし、～～～と思うでしょう。だが実は……」

などとロジックをどんどんつなげて「まえがき」を構成していく方法である。興味のある方は、私の作成した「ワークシート」を入手してほしい。これら「まえがき」のパターンを研究し、書き込んだだけで完成するようになっている。

⑥エモーショナルマーケ型

エモーショナルマーケ型とは、人の心を激しくゆさぶるような文章のテクニックである。
この手法はもともとは情報商材のセールスレターなどに用いられていたもので、その元となるダイレクトマーケティングの本として、ジェイ・エイブラハム著『ハイパワー・マーケティング』（インデックス・コミュニケーションズ）や、ダン・S・ケネディ著『究極のセールスレター』（東洋経済新報社）、ジョセフ・シュガーマン著『10倍売る人の文章術』（PHP研究所）なども翻訳されて一部では有名になっている。

ビジネス書の世界では、神田昌典氏などの昔の本、特にフォレスト出版の本が有名だが、今や普通の多くのビジネス書に使われるようになっている。

たとえば以下のような文例がその代表的なものになる。


「お金持ちは、なぜお金持ちなのでしょうか？　モテる人は、なぜいつでもモテるのでしょうか？　幸せな人には、なぜ幸せなことばかりが起こるのでしょうか？　その秘密を、これからたった一行で教えます。覚悟して読んでください」（石井裕之『人生を変える！「心のブレーキ」の外し方』フォレスト出版）

この本では、この続きは、

**「お金持ちがなぜ金持ちかというと……お金持ちだからです。

モテる人がなぜモテるかというと……モテる人だからです。

幸せな人がなぜいつも幸せかというと……幸せな人だからです」**


となっている。まさに、そんな馬鹿なと言いたくなるような人を食った文章であるが、これぞダイレクトマーケティングの真骨頂とでもいうべき文章表現である。

実は私自身もこのセールスレターを研究したことがあるのだが、たとえば「年収150万円の僕がNO・1キャバクラ嬢とつきあえた秘密」(http://www.1kyaba-nabi.com/)など、大体、金か異性が簡単に手に入る、という内容に特化している。これは、次節で説明する、著者のタイプにおける「パターン2」などの場合に、必須テクニックとなるだろう。

とくに、名作と名高い「24棟セールス」(http://www.24ss.jp/)などは、必見である。商材自体は高額であるが、セールスレター自体は無料なので、みなさんもネットで調べてぜひ読んでみて欲しい。驚くほどの類似点があることがわかるだろう。

続いて神田昌典氏の本である。

「タイトルが気になったから? ピンクの表紙が目立ったから? なんとなく無意識のうちに? 実は、この本には、あなたが、手に取るような仕掛けがしてあったのです。ということは、あなたは、もうすでに、エモーショナル・マーケティングの魔法にかかっているのです。この本は、その魔法を公開します。非常にパワフルな方法です(後略)」(神田昌典『あなたの会社が90日で儲かる!』フォレスト出版)

これらの手法は、ダイレクトマーケティングという情報商材などのセールスレターのテクニックに通じる部分がある。

ちなみに社会心理学者ロバート・B・チャルディーニ著『影響力の武器』（誠信書房）によると、承諾営業でイエスを引き出すために、次のような人の心理を巧みに利用した代表的な戦術が挙げられている。

「返報性」（一度イエスを言うと、後でノーと言いづらくなる心理）
「一貫性」（自分が行った言動を一貫させたいという欲求）
「社会的証明」（「他人が何を正しいと思っているか」に基づいて物事を判断したがる心理）
「好意」（自分が好意を持っている相手に頼まれると、ほとんどイエスと言ってしまう心理）
「権威」（権威者の命令に従うか否か、人はそれほど悩まない）
「希少性」（手に入りにくくなると、その機会がより貴重なものに思えてくる心理）

という6つのパターンが挙げられている。

もともと役に立つかも怪しいような高額な商品を買わせるテクニックなので威力は抜群だ。

02 著者の隠れた意図を見抜け

著者には目指すべきゴールセッティングがある

本には著者なりの伝えたいテーマが書かれている、ということは言うまでもないが、それとは別に、著者が本を出すことによって成し遂げたいと思っている「裏目的」とでも言うべきものがある。

要するにそれは、著者自身のゴールがどこかという「ゴールセッティング」でもある。

大まかに分けて、それは**「テレビ・政界進出型」「情報商材を売る・セミナーをする」「副業から独立への道」「人生の思い出作り」「大ベストセラー作家への道」「どうしても書きたいこと・伝えたいことがある人」**の6つのパターンに分かれる。

以下、それぞれについて見ていこう。

これは、本を書くことによって、

パターン1　テレビ・政界進出型

取材殺到　→　雑誌掲載　→　講演会　→　TV　→　政界進出

という道を目指しているパターンである。

このパターンは、出版するにあたって、昔からある王道パターンといえる。まずは、本を出す。そして雑誌の取材やテレビ、ラジオの出演の機会を狙いながら、雑誌の連載などをして**文化人、知識人、コメンテーター、評論家を目指す**のである。

このパターンにあてはまる人は、まずはありとあらゆる機会を狙って露出を増やし顔と名前を売ることを考える。

ある意味、**形を変えたタレントデビュー**と言っていいかもしれないが、最後の政界進出だけは「状況次第」である。

なぜ「状況次第」かというと本人は最終的には、政府の委員会などを経て政界進出を狙っていたりするのだが、先にそういった意向を表明すると、出馬できなくなるケースが多いため、ギリギリまで伏せているケースが多い。

たまに、**「○○さん、そろそろ政界進出どうですか?」**みたいな質問を受けても、**「考えていません」などと答えるのがベスト**であろう。

ただし、著作内において政治的な発言が増えてくると要注意である。内心は、出馬する気は満々だと予想できる。

モデルケースとしては、かつての大前研一氏などだろう。

最近では勝間和代氏や、『「未納が増えると年金が破綻する」って誰が言った』(扶桑社)の細野真宏氏などが当てはまるのでは、と私は密かに思っている。

『勝間和代の日本を変えよう』(毎日新聞社)で対談していた小飼弾氏なんかも「日本ブロガー党代表」みたいなポジションで出馬すると面白いかもしれない。

いずれにせよ、典型例なだけにわかりやすいパターンであり、またTVやラジオの露出などにより本人の知名度が上がると、本のセールスも出やすいため、多くの人が密かに狙うゴールセッティングとなっている。

☑パターン2　情報商材を売る・セミナーをする

パターン2は、

情報商材を売るためや、高額なセミナーに集客するために本を出すパターンである。

わかりやすくいうと、本を書くのは面倒臭いので名刺代わりに書いて、あとは集客商売に専念するのだ。あるいは**最初から商材やセミナーの顧客確保のための出版**の場合もある。

この場合、本を売ることよりも、本をフロント商品としてバックエンドの商材やセミナーが本線という商売の仕方である。

付録のCDが付いていたり、ホームページでレポートをダウンロードする権利などがついていることも多い。

そこまでは無料なのだが、高額なバックエンド商品がホームページに用意されていたり、無料の会員登録をすると、商材案内のメルマガなどが届くようになる。

モデルケースとしては川島和正氏（『働かないで年収5160万円稼ぐ方法』三笠書房）、原田翔太氏（『雪だるま式に収入がアップするありえない仕組み』アスペクト）、菅野一勢氏（『ネットで月収1000万円！　情報起業の不思議な稼ぎ方』中経出版）などが挙げられるだろう。

ただし、私は決してこのパターン2が悪いと言っているわけではない。

読者の中にも、情報商材を販売している方もいるだろうし、お店やセミナーに集客したいと真剣に考えている人もいるはずだ。そういう人の場合、変に他のゴールセッティングのパターンにハマってしまうと効率が悪いので、徹底的にパート2の戦略を貫くべきである。
また「誰でも（主婦やフリーター、学生など）簡単に儲けられる」とか「1日30分で数千万円儲けられます」式のタイトルの本に、このパターンがよく見られる。

パターン3　副業から独立への道

パターン3は、

副業執筆→ベストセラー→コンサル作家

というものである。

まずは会社勤めしながら副業作家としてデビューし、運よく売れれば独立も視野に入れるというパターンである。

この場合、会社でのポジションに不満がなく、かつ執筆が認められている場合、勤めながら週末作家として本を出したり取材を受けたりすることが可能であれば、ある意味、もっとも堅実で、まともな人生を歩めそうなパターンといえる。

代表的なケースとしては、藤井孝一氏、内藤忍氏、小室淑恵氏、小山龍介氏、原尻淳一氏などが挙げられる。

藤井孝一氏などは、自身が『週末起業』（筑摩書房）という本を出された後に「週末起業」を考えている人たちの相談に乗るような形でコンサルティングをスタートし、現在はコンサル会社の経営をしながらさまざまな活動をしている。

投資やマネー、仕事術の本を出されている内藤忍氏はマネックス・ユニバーシティの代表取締役だし、『ＩＤＥＡ ＨＡＣＫＳ！』（東洋経済新報社）などの「ＨＡＣＫＳ！ シリーズ」の著者、小山龍介氏は松竹（現在は独立）、共著者の原尻氏も某レコード会社に勤務している。

また、小室淑恵氏も現在は自分で会社を経営しているが、もともとは化粧品会社で新規事業の企画が認められ、その多忙な生活の中で家庭や育児との両立をするためにワーク・ライフバランスの重要性を意識するようになった、というようなことが著書に書かれている。

まずは勤めながら週末や終業後に原稿を書いて本を出し、給料と印税のダブルインカムを狙いながら、今後の自分の人生の展開を考える、といったパターンである。

勤めながらでも本を出すことで自分自身のブランディングにもなるし、リストラや会社が倒産しようとも生計を立てられそうな見通しとなれば、会社生活にもゆとりや自信が生まれる。

パターン４　趣味のブログ↓夢の書籍化↓人生の思い出作り

これは、

ブログやメルマガを一生懸命書いているうちにアクセス数や知名度があがり、それが出版社の目に留まり出版のオファーが来て一冊、本を書く

というパターンである。

とはいいながらも、一冊出した後は、またこつこつと、何事もなかったかのようにブログやメルマガの更新に励みます。それが何か？　というパターンである。

たとえばメルマガ「エンジニアがビジネス書を斬る」を発行している丸山純孝氏は、東芝の社員から独立後、発行していたメルマガが「まぐまぐ」の殿堂入りし、08年には『いつも目標達成している人の読書術』（明日香出版社）という書籍を出しているが、だからといってご本人にさほど大きな変化が生じているわけではなく、メルマガ発行や事業を変わらず続けているし、『早朝起業』（祥伝社）や『マインドマップ読書術』（ダイヤモンド社）の著者であり、「Webook of day」（http://webook.tv/）の松山真之助氏も同じパターンである。

また、ビジネス書ではないが、ブログ「毒舌ドクターBermudaの三角形な気持ち」（http://ameblo.jp/sanfujinka/）が2008年のブログアワードに輝き、09年には『産婦人科医バミュの「小悪魔日記」』（扶桑社）を刊行したバミュ先生も、当たり前だが、ドクターとして診察治療を続けている。

趣味で続けているブログが書籍化したからといって変に浮わついたりせず、また淡々と更新を続けているという人も結構多いのだ。

パターン5　企画持ち込み↓仕事の依頼↓大ベストセラー作家への道

このパターンには2種類あり、**主に得意分野の執筆で生計を立てている場合と、本業がありながら、執筆している場合**である。学者やコンサルタントで本を書いている人がこのパターンになっているケースもある。

前者のパターンは、心理学者の内藤宜人氏、経営コンサルタントの中島孝志氏、ドラマにもなった『夢をかなえるゾウ』の水野敬也氏などがそれに当てはまり、後者は、ベストセラー『さおだけ屋はなぜ潰れないのか』の著者で公認会計士の山田真哉氏などがこのケースに当てはまるだろう。

パターン1と似ている部分もあるが、そこまで露出を目指しているわけではなく、取材の依頼があれば受ける程度、というケースが多い。

また、パターン1の場合、ゴーストが多かったり、本を書くより名前を売るのが優先されるように見受けられることが多いのに対し（大前研一氏は別格だが）、基本的に自分で書いていたり、むしろもともと書くこと自体が好きだったという人が多く、小説などフィクションに挑戦するケースも目に付く。

このあたりは、最近は小説家でも純文学、エンターテインメント系に限らず、「それだけでは食えない」「将来が不安」などの理由で、普段は勤めているケースも多く、広い意味での執筆業というくくりでは、好きなことを書いてヒットを狙う、大ベストセラーを狙う、という部分でボーダーレス化や執筆ジャンルがクロスオーバーしていく傾向にあるのかもしれないと個人的に思っている。

パターン1が形を変えたタレントデビューだとすると、こちらはさしずめ形を変えた作家デビューを狙っているというケースかもしれない。

パターン6　どうしても書きたいこと・伝えたいことがある人

これは、
基本的にどうしても書きたい・伝えたいことがある人
のパターンである。
たとえば、『鏡の法則』（総合法令出版）の野口嘉則氏や、『そうじ力』シリーズの舛田光洋氏、『どんな仕事も楽しくなる3つの物語』（きこ書房）の福島正伸氏などが当てはまる。

意外に思うかもしれないが私も自分ではこのパターンだと思って書いている。事業に失敗し、負債を3億も抱えて、なぜ今生きているのか不思議に思うこともあるのだが、結局はそこで見た人生でもっとも大事なこととは何かという価値観やお金と人間関係、お金と幸せの関係などを伝えたいと思っているからだ。

そうでなければとっくに死んでいてもおかしくなかったし、今現在は金や美食や美女など俗世の誘惑や欲望にはあまり興味はなく、基本的に1日中執筆していて人と会わなくても自分自身は幸せだったりする。

あまりマスコミに取材されることに興味がなく、自分自身の露出は避ける傾向がある人が多いのも特徴かもしれない。

03 目次はこうして読みなさい

優れたビジネス書の目次7パターン

目次とは、本の章立てのことであるが、ベストセラーになるビジネス書には、この章立てにもパターンがある。

章立てとは料理やにおけるお品書きというかレストランのコースメニューのようなものである。またベストセラーは骨組みで決まる、ともいえる。

このパターンを知っていれば、読む際には目次をよく読んで、事前に何を書いてあるか把握したり、自分に一番関係ありそうな章から読んだりすることも可能である。

章立てのパターンには次の7つがある。

1 タイトル落とし込み型
2 総論→各論型

3　数字パターン
4　ツリー型（サマリー型）
5　ホームページ型（プロフィール＋コンテンツ）
6　事業計画書型
7　生い立ち型

などがある。それぞれ説明していこう。

☑1　タイトル落とし込み型

タイトル落とし込み型とは、**本のタイトルがそのまま目次に関係しているような構成法**のことである。

たとえば本田直之氏の名著『レバレッジ・シンキング』（東洋経済新報社）などがこのパターンに当てはまる。

この本は5章構成になっているのだが、目次は次ページの表のようになっている。

つまり、1章でレバレッジの重要性を説いた後は、知識・労力・時間・人脈のそれぞれにレバレッジをかける考え方について1章ずつ当てて説いている、というわけだ。

●「タイトル落とし込み型」の目次例

本田直之『レバレッジ・シンキング』

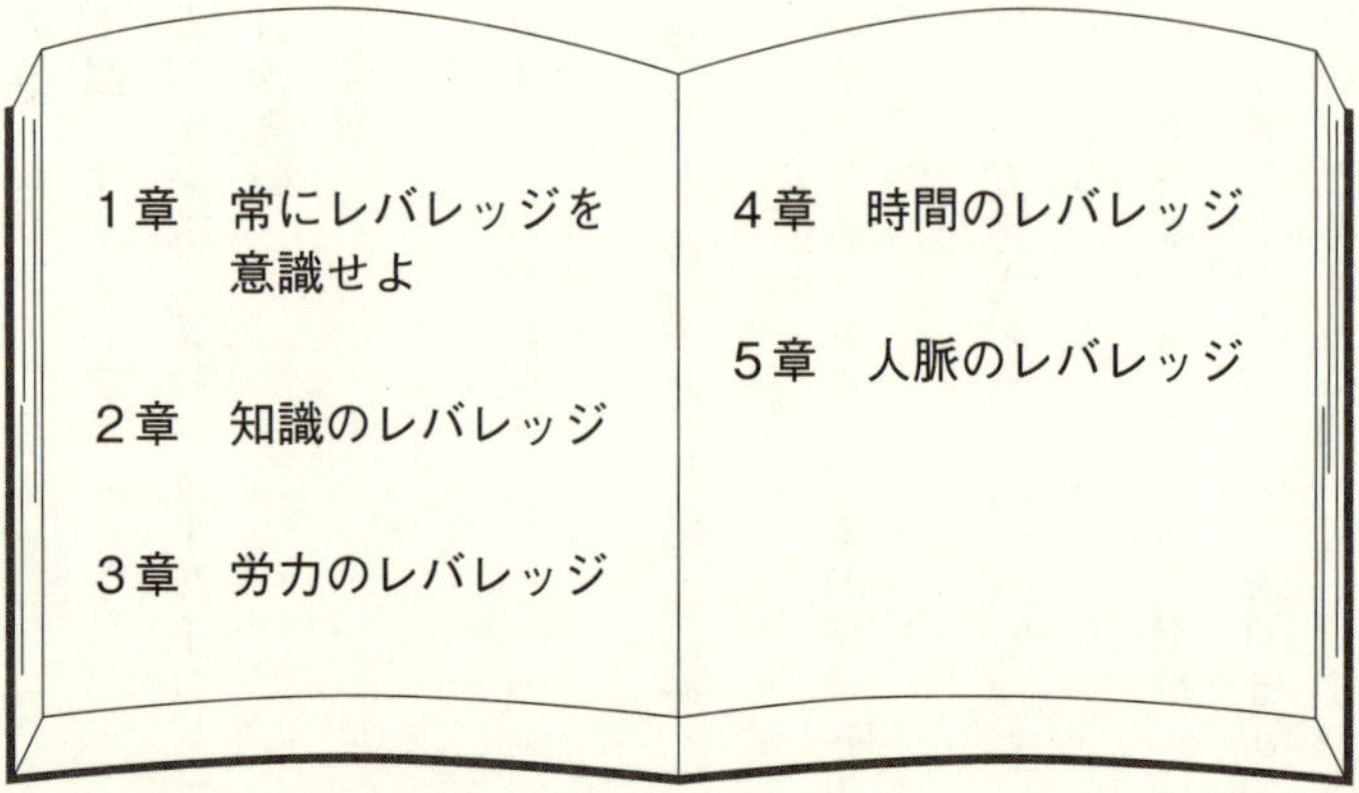

原尻淳一、小山龍介『IDEA HACKS!』

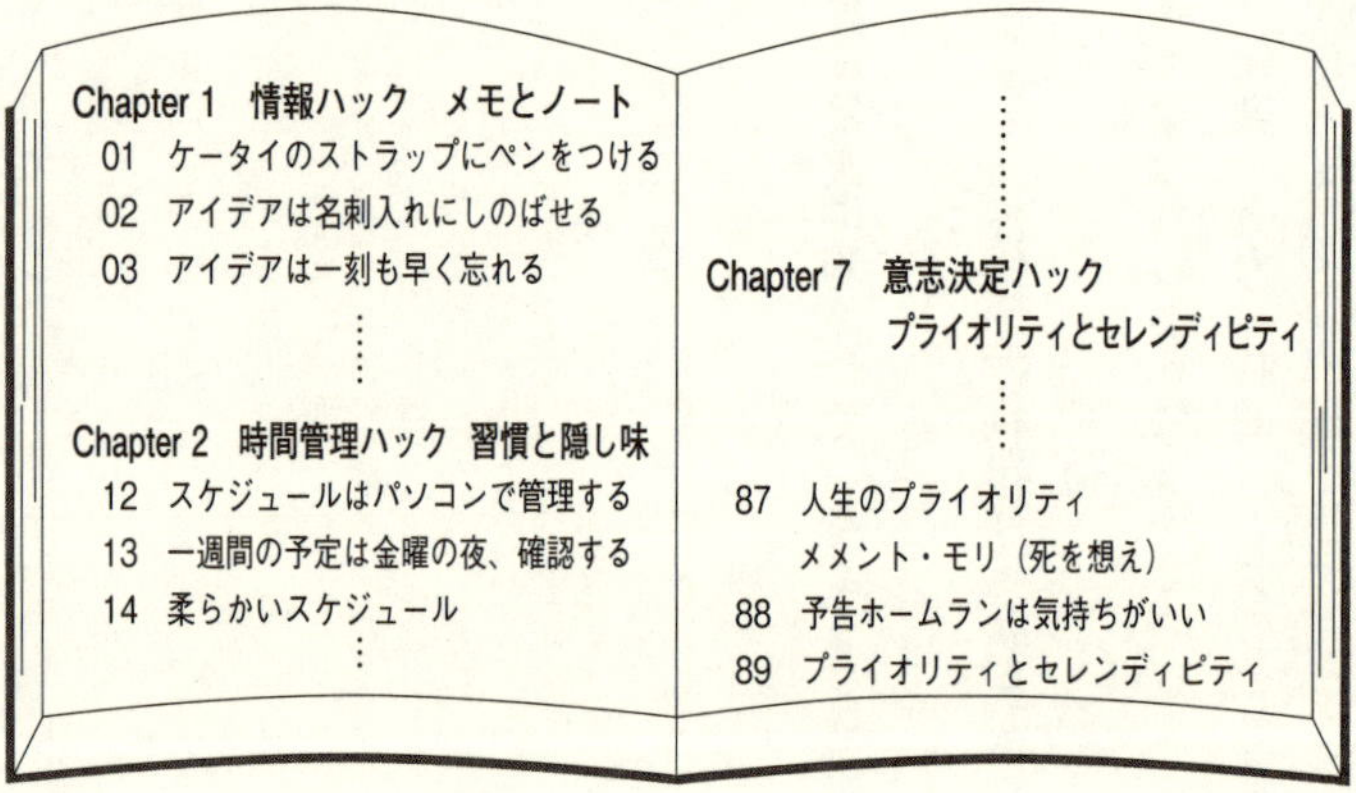

漠然と読んでいたり、目次を読んでいないと気づかないかもしれないが、こういった工夫があるのがベストセラーの特徴だ。

他には同じ東洋経済新報社の『HACKS!』シリーズもタイトル落とし込み型だといえる。『IDEA HACKS!』の目次は、Chapter1からChapter7までそれぞれ「情報」「時間管理」「整理」「五感」「思考」「発想」「意思決定」のハックが説明されているのだが、この7章で説明されているハックスの数が、なんと合計89個となっており、**HACKS! シリーズ=ハックスが89個**という、一種のタイトル落とし込み型になっているのである。

2 総論→各論型

総論→各論型とは、**総論を述べてから各論の説明に移るパターン**である。

例として、『勝間和代のビジネス頭を創る7つのフレームワーク力』(ディスカヴァー・トゥエンティワン)の目次を見てみよう(次ページ)。

このように1章と2章で総論が述べられ、3章以降は7つのフレームワーク力が1つずつ説明されているのだ。

読む際には、まず「総論」をよく理解してから、興味のある各論の説明を読んでもいいし、

●「総論→各論型」の目次例

『勝間和代のビジネス頭を創る7つのフレームワーク力』

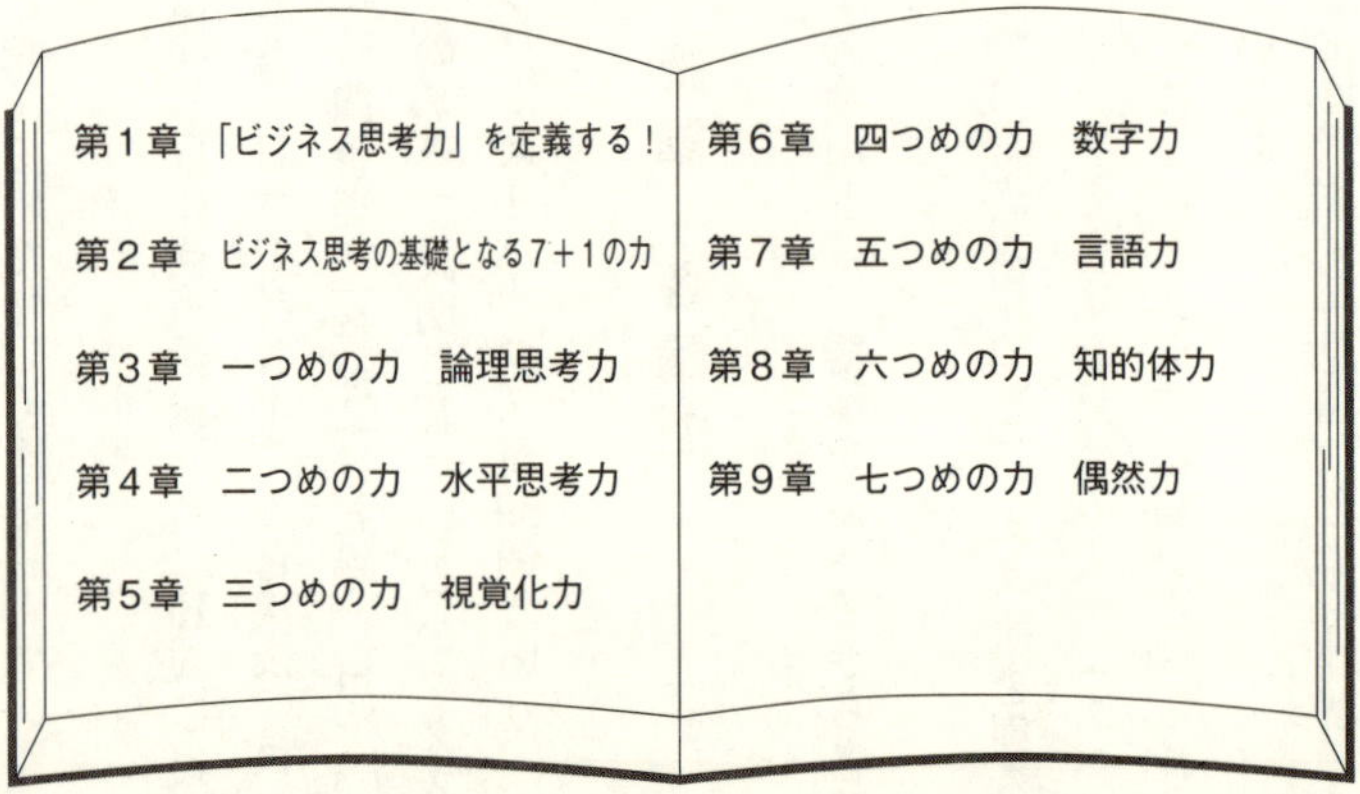

第1章 「ビジネス思考力」を定義する！	第6章 四つめの力　数字力
第2章 ビジネス思考の基礎となる7+1の力	第7章 五つめの力　言語力
第3章 一つめの力　論理思考力	第8章 六つめの力　知的体力
第4章 二つめの力　水平思考力	第9章 七つめの力　偶然力
第5章 三つめの力　視覚化力	

書く際には、自分のいいたい主張の総論を述べてから各論の説明に移ると、読んで理解してもらいやすくなるのではないか。

☑3　数字パターン

数字パターンとは、有名な『7つの習慣』（スティーブン・R・コヴィー他、キングベアー出版）などのように、「3つの〜」「5つの〜」「7つの〜」など、**タイトルに出てくる数字がそのまま章立てに反映されているようなパターンである。**

たとえば、神田昌典氏の『非常識な成功法則』（フォレスト出版）は次ページ下の図のような形となっている。

この本のタイトルには数字が入っていない。

しかし、サブタイトルが、「お金と自由をもた

●「数字パターン」の目次例

リッツ・カールトン20の秘密

Mystique 1　モットー
Mystique 2　エスコート
Mystique 3　パーソナル
Mystique 4　エンパワーメント
Mystique 5　サプライズ
Mystique 6　ミスティーク
Mystique 7　サービス
Mystique 8　クオリティ
Mystique 9　クレーム対応
Mystique 10　チームワーク
Mystique 11　トレーニング
Mystique 12　笑顔
Mystique 13　プランニング
Mystique 14　従業員への約束
Mystique 15　身だしなみ
Mystique 16　プライバシー
Mystique 17　清潔・快適
Mystique 18　安全性
Mystique 19　楽しみあう
Mystique 20　クレド

『**非常識な成功法則**――お金と自由をもたらす8つの習慣』

序章　成功は「悪の感情」から始まる
第1の習慣　やりたくないことを見つける
第2の習慣　自分にかける催眠術
第3の習慣　自分に都合のいい肩書きを持つ
第4の習慣　非常識的情報獲得術
第5の習慣　殿様バッタのセールス
第6の習慣　お金を溺愛する
第7の習慣　決断は、思い切らない
第8の習慣　成功のダークサイドを知る

らす8つの習慣」となっており、章立ても、「第1の習慣○○」から「第8の習慣××」という形でさまざまな「習慣」が説明されている数字パターンなのだ。

他の例としては、『リッツ・カールトン20の秘密《ミスティーク》』（井上富紀子、リコ・ドゥブランク、オータパブリケイションズ）など、多数ある。

☑4 ツリー型（サマリー型）

ツリー型とは、コンサルタントなどが作成するサマリーのように、キーワードがブランチごとに枝分かれしていく構成法である。

たとえば、勝間和代氏の『効率が10倍アップする 新・知的生産術』（ダイヤモンド）などが挙げられる。

次ページの図は、目次のごく一部であるが、各章で紹介される知的生産術が、さらに「数字パターン」に落とし込まれている、非常にロジカルでわかりやすいが、なかなか高度な章立ての仕方である。

作り方としては、まずはブレインダンプで浮かんだ要素を自分でマインドマップにして組み立て、それを章立てにする、などが考えられる。

見事なツリー型になっているので、目次で大枠を掴み、各章のブランチを追っていけば細部

●「ツリー型」の目次例

『効率が10倍アップする　新・知的生産術』

第2章　情報洪水から１％の本質を見極める技術

勝間流・１％の本質を見極める６つの技術

◎技術①　「フレームワーク力」をつける

☆２か月で、体重５キロ、体脂肪率５％、ウェスト７センチ減の秘密

☆28歳マッキンゼー入社時にはなかった「フレームワーク力」

◎技術②　「ディープスマート力」で経験値を重ねる

◎技術③　「失敗力」をつける

☆私は、外資系銀行でトレーダーのルーティンワークをこう変えた

◎技術④　「ベスト・プラクティス」の共有で学びを分けてもらう

◎技術⑤　自分の価値を出せないところはバッサリ捨てる

☆「Not to do list」で捨てる技術を磨く

◎技術⑥　本代をケチらず良書を読む
——ウェブ全盛時代に本でなくてはならない理由

☆月100冊、15万円使う私の読書投資法

☆すき間時間に、パッパと読む

☆翻訳書は何を読むか？
——お薦めの小説・ビジネス書６冊

☆オーディオブックを補完的に使うメリット

●「ホームページ型」の目次例

『世界No.2セールスウーマンの「売れる営業」に変わる本』

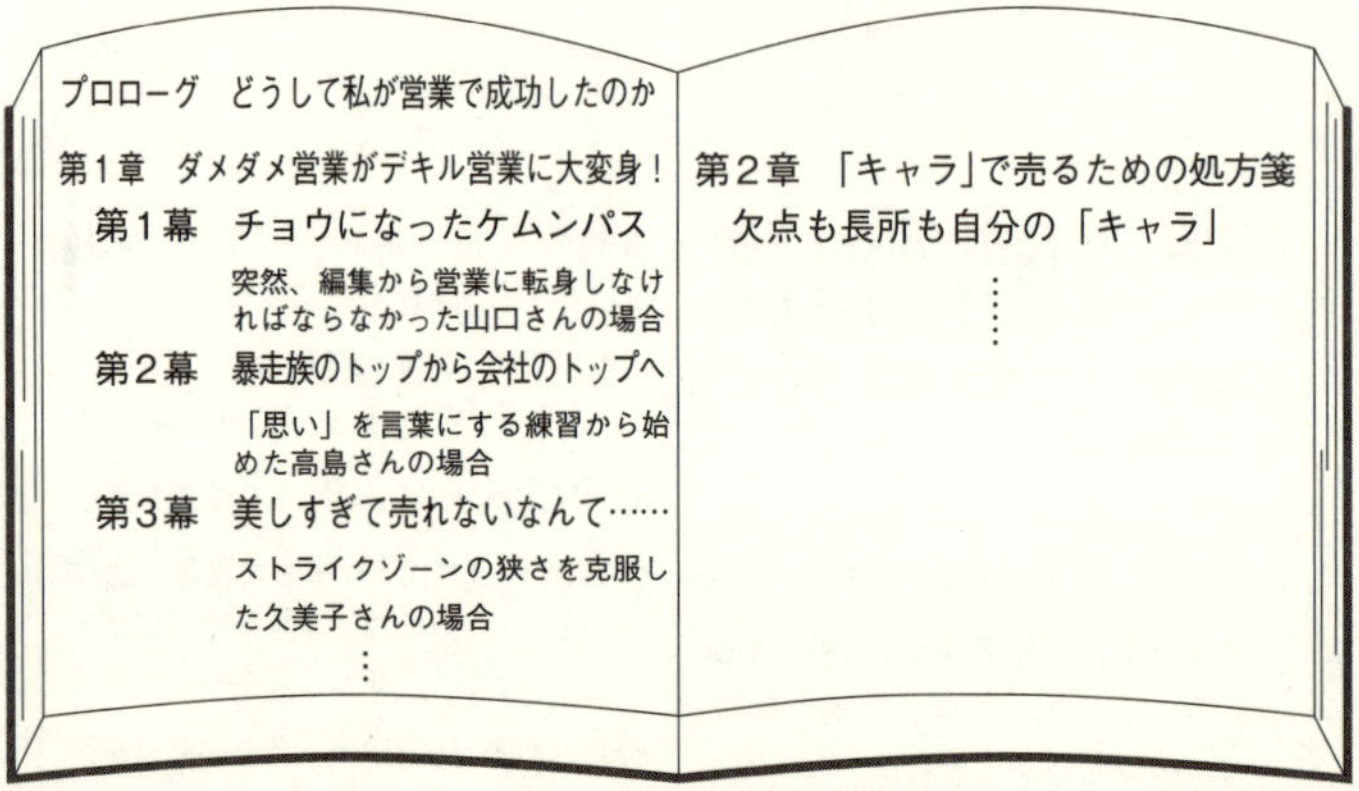

まで理解できるだろう。

☑5 ホームページ型（プロフィール＋コンテンツ）

女性著者の本に多いのがこのホームページ型である。ホームページは写真つきのプロフィールに日記などのテキストで構成されているが、同様に**表紙や帯に本人の写真を起用し、まずは、その人がどういう人なのかの説明をしてから、それぞれの専門分野の話にうつるパターン**である。

たとえば和田裕美氏の『世界Ｎｏ・２セールスウーマンの「売れる営業」に変わる本』などでは、和田氏がいかにして世界ナンバー２セールスウーマンになったかの話を存分に説明してから、では、その営業法を説明しましょう、というような構成のパターンになっている。

●「事業計画書型」の目次例

『週末起業』

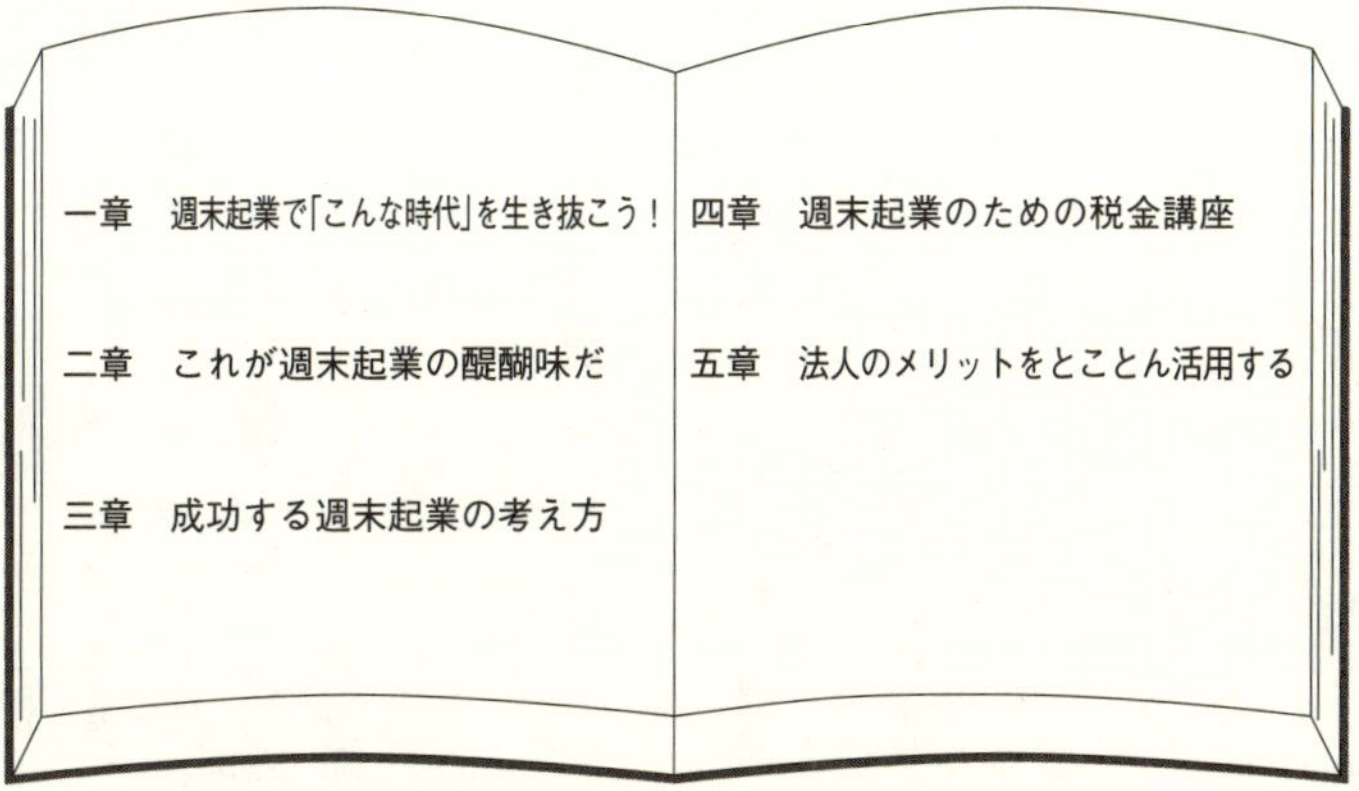

一章　週末起業で「こんな時代」を生き抜こう！	四章　週末起業のための税金講座
二章　これが週末起業の醍醐味だ	五章　法人のメリットをとことん活用する
三章　成功する週末起業の考え方	

類書としては、『キャリアも恋も手に入れる、あなたが輝く働き方』（小室淑恵、ダイヤモンド社）などが挙げられる。

まずはプロローグや第一章で　自分のこれまでの生い立ちや経歴を詳しく説明し、その後で本題に入るような構成を心がけよう。

読む側からしても、著者の人となりを理解して感情移入して読むとよいだろう。

6　事業計画書型

この手のタイプは、新書に多い。

事業計画書を見る機会が多い人や作成した方であればわかりやすいと思うのだが、事業計画書とは、まずその事業が必要とされている背景などをデータなどを用いて説明し、事業の概要、その事業を実行するにあたり必要な人員・資金、その事業を行うにあたる問題点などで構成されていることが多い。

この事業計画書型も、そのような構成になっていることが特徴である。

たとえば、藤井孝一氏の『週末起業』（筑摩書房）を例にとると、前ページのようになっており、先の説明のような構成になっているのが、わかる。これも事業計画書の作成になれている人であれば参考になると思うし、読む際も背景などはすっとばして、実践編から読むなどの工夫もできる。

7　生い立ち型など

これは『五体不満足』（乙武洋匡、講談社）や『ホームレス中学生』（田村裕、ワニブックス）など、**生い立ちをそのまま書いたら一冊の本になってしまう**ようなパターンである。

私なども過去の負債が3億などという中途半端な額ではなく、いっそ3000億円くらいあれば、あてはまったかもしれないが。

ビジネス書でいえば、テイクアンドギブニーズの野尻佳孝社長の『史上最短で、東証二部に上場する方法』（アメーバブックス）などが当てはまるだろう。

●「生い立ち型」の目次例

『史上最短で、東証二部に上場する方法』

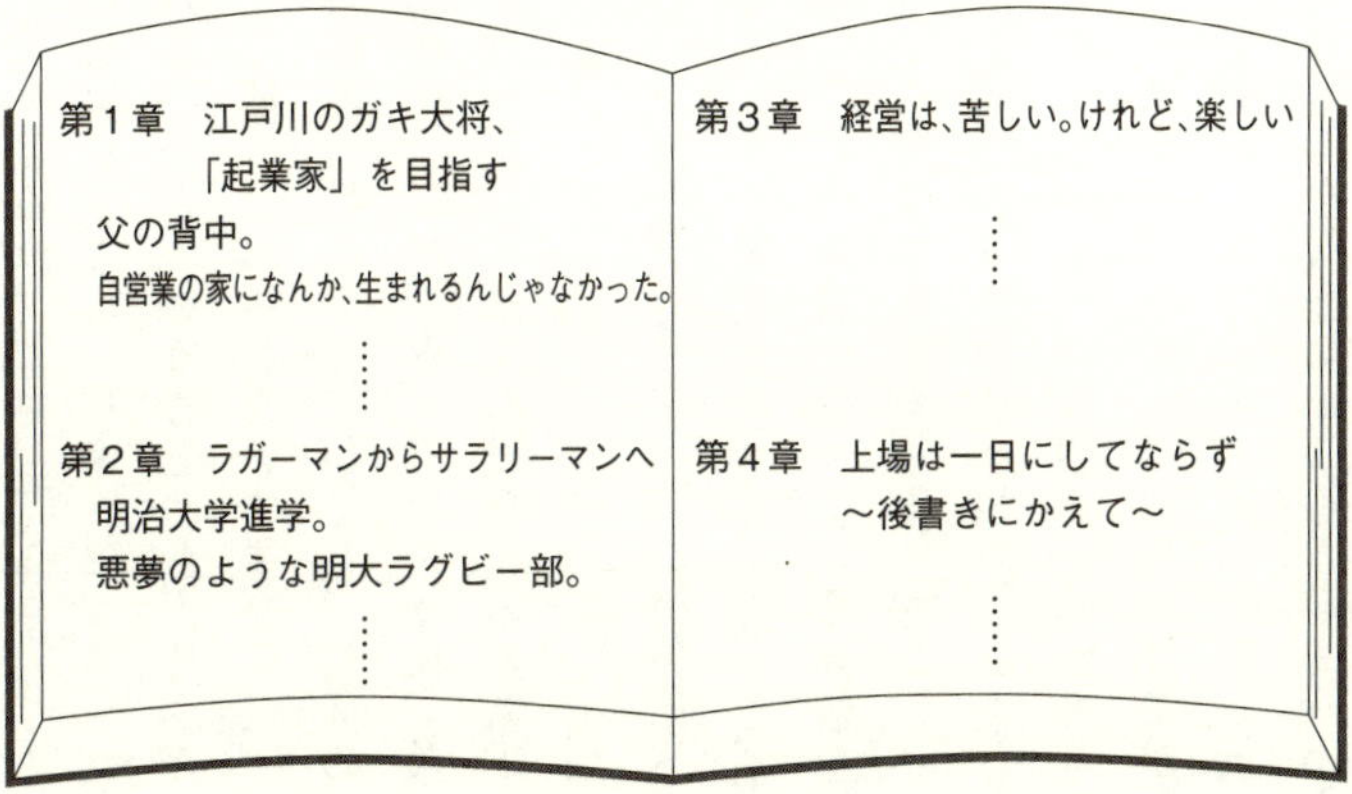

第１章　江戸川のガキ大将、
「起業家」を目指す
父の背中。
自営業の家になんか、生まれるんじゃなかった。
……
第２章　ラガーマンからサラリーマンへ
明治大学進学。
悪夢のような明大ラグビー部。
……
第３章　経営は、苦しい。けれど、楽しい
……
第４章　上場は一日にしてならず
～後書きにかえて～
……

江戸川区に生まれ、小さい頃はガキ大将で、やがて中学でチーマーになり、仲間の死をきっかけにラグビーで花園を目指すようになり、大学では体育会のラグビー部の寮生活を送り、卒業後は商社へ……起業して史上最短で東証二部に上場という、まあ、なんというかリアル「サラリーマン金太郎」のような本である。

目次の構成としては、第一章の幼年期から始まり、第二章で大学入学、第三章で社会人、そして起業、上場などと生い立ちを追う形でストーリーは展開される。

☑番外：秘密型

『ザ・シークレット』（ロンダ・バーン、角川書店）のように、ずっと「ある秘密」が語られる「秘密型」というものもある。

各章の説明を見ても「秘密」により、病気が治った、勉強ができるようになった、富を引き寄せられる、などということはわかるのだが、最後まで「秘密」とは○○である　というはっきりとした解答は示されないままなのだ。

状況証拠的に積み上げていくと、最後の方で「秘密」＝「引き寄せの法則」のことかな、とわかるのだが、このパターンはたまに、最後まで謎のままの本もある。

たとえば「楽して誰でも成功する非常識な方法」という本があったとして（それにしてもあんまりなタイトルだが）、なんとなく成功に役立ちそうな方法は載っているのだが、肝心の「楽して誰でも成功できる方法」は最後までみつからなかった、という読書経験はないだろうか？　まあ、よく考えてみると、「そんな方法」が1000円くらいの本に書いてあるわけもなく、では、その著者が売っている高額な情報商材にその答えが書いてあるのかというと、もちろんそんな方法が存在するわけもない。

昔、男性向けエロ本の袋とじで「こんどこそ○○が脱いだ！」と書かれていると、何回もダマされて買ってしまった経験があった方もいただろう。

ただし、インターネットで過激な画像がただで流れている時代になっても、金持ちになる方法やましてや楽して儲かる方法が購入できると考えるのだけはやめたほうがいい。

そういうものを販売している人、そういう人脈で儲かると語っているケースは大抵詐欺かマ

●「秘密型」の目次例

『ザ・シークレット』

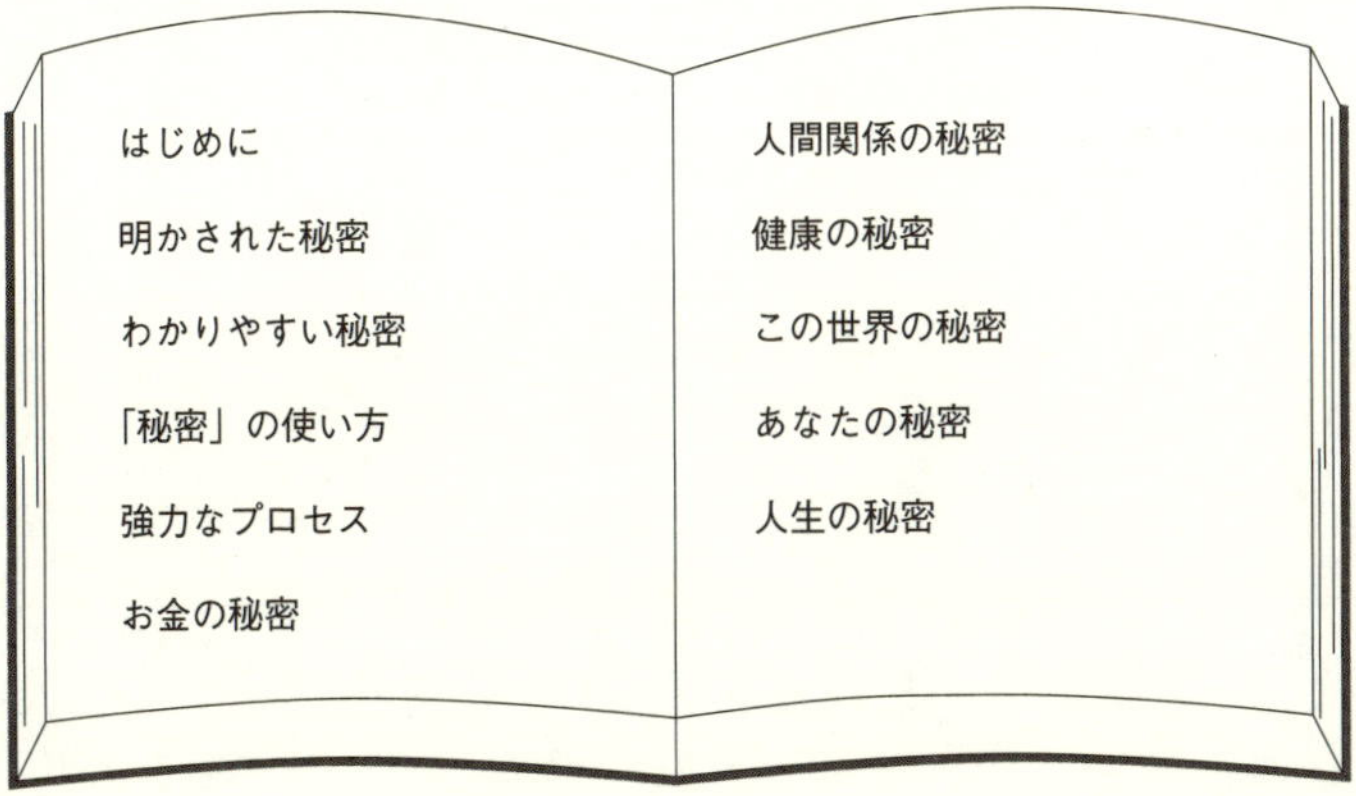

はじめに
明かされた秘密
わかりやすい秘密
「秘密」の使い方
強力なプロセス
お金の秘密
人間関係の秘密
健康の秘密
この世界の秘密
あなたの秘密
人生の秘密

ルチかねずみ講だと思ってよい。

「商売なんてみんな一種のねずみ講じゃないか」とか「金を儲けることが目的なのだから最短距離を進め」という反論をする人もいるかもしれないが、稼いだ金をどう使うかも大事だが、どうやってその金を稼いだのかももちろん大事なのである。

確かに金は金であり、金に色はついていないし、入手した手段は金には書いていない。

だからと言って通常の良心に反するようなことを率先してやってよいということにはならないのだ。

PART

4

ビジネス書10大著者の「ここが読み所」

人気著者を知ろう!
ここでは有名著者をモデリングします。あなたのお気に入りを見つけて下さいね
お気に入りの著者を見つけるとビジネス書を読むのが楽しくなりますよ!
好きかも
勝間さんは言わずと知れたビジネス書界の女王ですね
勝間和代さん
断る力
自転車
効率化
レバレッジシリーズの本田さんは、そのラフな感じがよいのかも
本田直之さん
レバレッジ
ワイルド
サーフィン
ハワイ
お気に入りの著者が見つかったら、その人のやっていることを徹底的にまねしてみるといいですよ!
ノートパソコン
マインドマップ
フォトリーディング
親指シフト
オーディオブック
勝間さん
全部やる!?

01 勝間和代

ワーキングマザーの代弁者から、いよいよ政界進出へ？

熱烈ファンとアンチが渦巻くビジネス書の女王

２００７年10月の『無理なく続けられる年収10倍アップ勉強法』がベストセラーになって以降、出す本が軒並みベストセラーとなり、ついには「ビジネス書の女王」とまで呼ばれるようになった勝間和代氏。

特に実質的な勝間和代特集号となった「週刊ダイヤモンド２００８年2月9日号」やＴＢＳ「情熱大陸」への出演で一気に大ブレーク。一般にも知名度がアップした。

著書によると、その経歴は、慶應義塾大学商学部卒業。当時最年少の19歳で会計士補の資格を取得した後、21歳で長女を出産。在学中から監査法人に勤めるが、ワーキングマザーとしての働きにくさから外資系企業に転職。以後、アーサー・アンダーセン（公認会計士）、マッキンゼー（戦略コンサルタント）、ＪＰモルガン証券（ディーラー・証券アナリスト）を経て、経済評論家として独立、となっている（『年収10倍アップ勉強法』より）。

まるで図解 未来のアンドロイド
効率、効率、効率！
車より速く自転車で移動
軽量ノートパソコンを補助脳にして
移動中もオーディオブックで
知識を習得って
「ちょっとSFチック」
いったいどこへ行こうとしているのか？
なんか、以前とビジュアルイメージがずいぶん変わった気が…

もともと、ブロガーとしても有名で、初期はネットの書評に本人自らがコメントや時にはクレームまでも残していた。カツマーと呼ばれる熱狂的なファンが多い反面、本人のアサーティブな姿勢に反発するアンチも多いようだ。自転車移動、親指シフト、マインドマップにフォトリーディングなど、自著で紹介したメソッドも大人気になった。

現在はTV出演も増え肩書きも経済評論家へとグレードアップ。年々、肌の露出と著書の中の自慢が増える傾向にある。

☑主張も出で立ちも次第に派手やかに！

130ページで述べた「ゴールセッティング」で言うと、典型的なパターン1のタイプで、戦略的な展開の下に強烈な上昇志向が見え隠れするため、熱心なカツマー以外の人は違和感を覚えていたかもしれない。

ただし、『年収10倍アップ勉強法』(ディスカヴァー・トゥエンティワン)『グーグル化する技術』(ダイヤモンド社)『7つのフレームワーク力』(ディスカヴァー・トゥエンティワン)などは、本当に素晴らしい内容で、この頃が名実ともにビジネス書著者として全盛期だった気もする。

『勝間和代の成功を呼ぶ7つの法則』では、胸の谷間を露出させた表紙も話題に。「世の中には、『さらけ出す暴力』というものがあると、最近、つくづく思う」（安田佳生『検索は、するな。』）という言葉を贈りたい。正直、「いっそ熟女へアヌード写真集でも出したらどうか」と思った方も多いのではないか。
メディアへの露出が増えるにしたがって、次第にファッションや出で立ちが派手やかになってきていることも、注目を集めている。

プロフィール
1968年東京生まれ。経済評論家、公認会計士。早稲田大学ファイナンスMBA、慶応大学商学部卒業。早稲田大学大学院商学研究科博士後期課程在学中。当時最年少の19歳で会計士補の資格を取得、大学在学中から監査法人に勤務。アーサー・アンダーセン、マッキンゼー、JPモルガンを経て独立。内閣府男女共同参画会議議員。ウォール・ストリート・ジャーナル「世界の最も注目すべき女性50人」選出。エイボン女性大賞（史上最年少）。第一回ベストマザー賞（経済部門）。

● 初期の作品

デビュー作はディスカヴァー・トゥエンティワンで、ムギ名義。その後、共著を経て『無理なく続けられる年収10倍アップ勉強法』で本格著者デビュー。続編の『無理なく続けられる年収10倍アップ時間投資法』と合わせてヒットとなり、ネットから雑誌媒体への進出などもあり急激に露出を増やしていく。

- 『インディでいこう！』(「ムギ」名義)　ディスカヴァー・トゥエンティワン
- 『無理なく続けられる年収10倍アップ時間投資法』　ディスカヴァー・トゥエンティワン
- 『無理なく続けられる年収10倍アップ勉強法』　ディスカヴァー・トゥエンティワン
- 『決算書の暗号を解け！ ダメ株を見破る投資のルール』　ランダムハウス講談社

● 中期の作品

勝間和代の代表作と言われたのが、『お金は銀行に預けるな』。中期は最も脂がのってた頃。

- 『お金は銀行に預けるな 金融リテラシーの基本と実践』　光文社
- 『勝間式「利益の方程式」―商売は粉もの屋に学べ！』　東洋経済新報社
- 『効率が10倍アップする新・知的生産術―自分をグーグル化する方法』　ダイヤモンド社
- 『勝間和代のビジネス頭を創る7つのフレームワーク力』　ディスカヴァー・トゥエンティワン

● 最近の作品

その後、急激に露出を増やし始め、政界進出への所信表明とも読める『日本を変えよう』やビジュアルブック『勝間和代の成功を呼ぶ７つの法則』などは、勝間の勝間によるカツマーのための本といった調子になっていく。

- 『勝間和代の日本を変えよう』　毎日新聞社
- 『勝間和代の成功を呼ぶ７つの法則』　マガジンハウス
- 『読書進化論 ―人はウェブで変わるのか。本はウェブに負けたのか―』　小学館
- 『断る力』　文藝春秋
- 『10年後あなたの本棚に残るビジネス書100』(共著)　ダイヤモンド社
- 『会社に人生を預けるなリスク・リテラシーを磨く』　光文社
- 『起きていることはすべて正しい』　ダイヤモンド社
- 『勝間和代のお金の学校サブプライムに負けない金融リテラシー』　日本経済新聞社

02 本田直之

ハワイで年の半分を過ごすサーファー著者

レバレッジ一発で大ブレイク！　多彩な一面も

ベストセラーシリーズとなった『レバレッジ・リーディング』『レバレッジ・シンキング』（共に東洋経済新報社）、『レバレッジ時間術』（幻冬舎新書）など、一連の「レバレッジ・シリーズ」が大ブレイク。著作は累計100万部、プロデュース作品も次々と大ヒット。まさに飛ぶ鳥を落とすイキオイで活動中。経歴は、シティバンクなどを経てパックスグループ上場に関わり、現在はハワイに拠点を置き、ハワイで年の半分を過ごしている模様。その理由が租税回避なのか、たんなるハワイ好きなのかは謎。

ビジュアルは、ロンゲ・半そで短パン・ひげと結構、ワイルド系で、取材や講演にもその格好で現れる。ライフスタイルは、朝5時起床。週3回ジムに通い夜は会食と、一週間の時間割りを作ってスケジュールを管理しているらしい。また、その管理術を『レバレッジオーガナイザー』（東洋経済新報社）という手帳本にまとめて発売した。

有名メルマガ「平成進化論」の鮒谷周二氏、泉正人氏、石田淳氏と「日本ファイナンシャルアカデミー」（JFA）という会を結成し、親交を深めている。お互いの著作でこのメンバーが登場するのも特徴である。

日本ソムリエ協会認定ワインアドバイザー、世界遺産アカデミー正会員にもなっている。

著者のプロデュースも行っており、合計40万部を突破。泉正人著『「仕組み」仕事術』（ディスカヴァー・トゥエンティワン）は10万部、『「仕組み」整理術』5万部、『お金の教養』8万部、山本ケイイチ著『仕事ができる人はなぜ筋トレをするのか？』（幻冬舎）10万部、中村亨著『「俯瞰」でわかる決算書』（ダイヤモンド社）などのベストセラーを生み出している。

☑英語、略語多様で巧みにブランディング

そもそもレバレッジという言葉自体、たんなる投資用語であり、本田氏が考えたわけではないのだが、**もはや「レバレッジ」と言えば本田、本田と言えばレバレッジ**、というくらい「レバレッジシリーズの本田直之」はブランド化している。

著作の特徴は、引用が多いこと、KSF（キーサクセスファクター）、DMWL、パーソナルキャピタルなど、やたら英語、略語が多いことがあげられる。またスポーツ、投資、ビジネス、脳科学のジャンルの知識をバランスよく配分して書かれている。

オフィスの写真も大公開

日本とハワイの二重生活

基本的に面倒臭がりであることを公言しており、著作で紹介されているさまざまなアクションプランやメソッドも、常に「最小の努力で最大の成果＝ＤＭＷＬ」を得られるよう徹底されており、効果は高そう。
関係ないが、奥さんの田島弓子さんも、『ワークライフ〝アンバランス〟』（ディスカヴァー・トゥエンティワン）で著者デビューした。

プロフィール
レバレッジコンサルティング株式会社代表取締役社長兼ＣＥＯ。シティバンクなどの外資系企業を経て、バックスグループの経営に参画し、常務取締役としてＪＡＳＤＡＱへの上場に導く。現在は、日米のベンチャー企業への投資事業を行うと同時に、少ない労力で多くの成果をあげるためのレバレッジマネジメントのアドバイスを行う。日本ファイナンシャルアカデミー取締役、コーポレート・アドバイザーズ・アカウンティング取締役、米国Ｇｌｏｂａｌ　Ｖｉｓｉｏｎ　Ｔｅｃｈｎｏｌｏｇｙ社取締役を兼務。
ハワイに拠点を構え、年の半分をハワイで過ごす。サンダーバード国際経営大学院経営学修士（ＭＢＡ）、明治大学商学部産業経営学科卒、（社）日本ソムリエ協会認定ワインアドバイザー、世界遺産アカデミー正会員。

● 初期の作品

「レバレッジ」シリーズ大ブレイク！　「レバレッジ」という言葉自体はたんなる投資用語であり、IT ベンチャーやコンサルタントなどを中心にビジネス用語としても浸透し始めていたのだが、ビジネス書のタイトルになった途端に一般にも広まっていった。

『レバレッジ・リーディング』 東洋経済新報社	『レバレッジ時間術』 幻冬舎新書
『レバレッジ・シンキング』 東洋経済新報社	『レバレッジ勉強法』 大和書房
『レバレッジオーガナイザー』 東洋経済新報社	『レバレッジ人脈術』 ダイヤモンド社

● 中期の作品

「レバレッジ」シリーズだけではなくプロデュース作品も好調な売れ行きを見せ、それと同時にビジネス誌への登場回数も増え、その風貌やライフスタイルとともに「レバレッジの本田」のイメージが全国へ浸透していく。

『レバレッジ英語勉強法』 朝日新聞社	『図解レバレッジ勉強法』 大和書房
『レバレッジ思考を20代でマスターせよ！』 主婦の友社	『脳が教える！１つの習慣』(監訳書) 講談社

● 最近の作品

もはやレバレッジの本田ではなく、本田のレバレッジに。そして「レバレッジ」以外の著作もベストセラーに。

『面倒くさがりやのあなたがうまくいく55の法則』 大和書房	『本田式サバイバル・キャリア術』 幻冬舎
『レバレッジマネジメント』 東洋経済新報社	『ビジネスパーソンのための家計簿』 主婦の友社

03 小山龍介&原尻淳一

元祖『HACKS!』シリーズ

現役ビジネスパーソンによる仕事のテクニック

小山龍介氏と原尻淳一氏による東洋経済新報社の「ＨＡＣＫＳ！」（ハックス）シリーズは若手ビジネスパーソン向けの人気シリーズ。

ちなみに「ＨＡＣＫＳ！」とは「効率良く仕事をこなし、高い生産性を上げ、人生のクオリティを高めるための工夫」のこと。

もともと留学中の小山氏から、ライフハックについてのメールがあり、ライフハックと先輩などから教えてもらった仕事のコツに共通点を感じた原尻氏とのやりとりから「ＨＡＣＫＳ！シリーズ」の原型が生まれたらしい（『ＩＤＥＡ ＨＡＣＫＳ！』より）。

小山龍介氏は、京大卒。松竹で新規事業のプロデューサー。と書くといかにもキレモノっぽい人物を連想する方も多いだろうが、みためはさらさらヘアに眼鏡という、癒し系タイプ。

現在は独立してオフィスを構えている。

原尻淳一氏はａｖｅｘのマーケティングディレクター。こちらも日焼けした軽ノリ業界風男とは対極の人の良さそうなタイプだ。

なお、「ＨＡＣＫＳ！」シリーズのうち、『ＴＩＭＥ　ＨＡＣＫＳ！』『ＳＴＵＤＹ　ＨＡＣＫＳ！』『ｉＰＨＯＮＥＳ　ＨＡＣＫＳ！』『整理ＨＡＣＫＳ！』は小山氏、『ＲＥＡＤＩＮＧ　ＨＡＣＫＳ！』『ＰＬＡＮＮＩＮＧ　ＨＡＣＫＳ！』は原尻氏、『ＩＤＥＡ　ＨＡＣＫＳ！』は二人で書いている。

ちなみにＨＡＣＫＳ！（ハックス）にかけて、89個のハックスが紹介されている。

☑若者向け仕事術の偉大な功績

現役のビジネスパーソンでありながら、ビジネス書のベストセラーを東洋経済新報社から出版し、「ＨＡＣＫＳ！」ブームを巻き起こした功績は偉大。

その後、他社よりも類似の「ハックス」本が次々と発行された。従来のビジネス書著者が年配の経営者層だったのに対し、30代半ばの著者が「すぐに仕事に役立つテクニック」をロジカルに解説しているのが特徴。

原尻氏は図書館マニア、小山氏は
iPhoneのヘビーユーザー。
もともとは小山氏留学中の
往復書簡がシリーズ発足の
きっかけ、らしい。
肉は食べない。会議前は
バナナとチョコで糖質補給。

プロフィール

小山龍介　株式会社ビジネスプラグイン代表取締役。1975年福岡県生まれ。京都大学文学部哲学科美学美術史卒業。大手広告代理店勤務を経て、サンダーバード国際経営大学院でMBAを取得。松竹株式会社プロデューサーおよび松竹芸能株式会社事業開発室長として、歌舞伎やお笑いをテーマにした新規事業立ち上げを行った後、現職。

原尻淳一　1972年、埼玉県生まれ。龍谷大学大学院経済学研究科修士課程修了。大手広告代理店勤務後、入社から一貫して飲料や食品のブランド戦略立案を行う。現在、エイベックス・エンタテインメント株式会社ブランドマネジメント部マーケティンググルーム課長。アーティストのブランド戦略サポート及びマーケティングリサーチやプランニングを行っている。ISIS編集学校師範。

● 初期の作品

2006年7月共著『IDEA　HACKS !』が記念すべき第1作。続く12月の小山氏の手による『TIME　HACKS !』で、老舗の東洋経済新報社の若者向けビジネス書というジャンル「HACKS !」ブランドが確立されたと言えよう。

『IDEA HACKS !』
東洋経済新報社

『TIME HACKS !』
東洋経済新報社

● 中期の作品

2007年になると「HACKS !」シリーズのヒットの柳の下のどじょう狙いというか完全に便乗本ともいえる「ハックス」シリーズが各社から投入され始めるが本家「HACKS !」シリーズも粛々と新刊を発行。特に2008年3月の『STUDY HACKS !』はシリーズ最高傑作と評価する向きも多い。

『PLANNING HACKS !』
東洋経済新報社

『STUDY HACKS !』
東洋経済新報社

『iPHONES HACKS !』
宝島社

『READING HACKS !』
東洋経済新報社

● 最近の作品

2008年10月の『iPHONES HACKS !』『reading hacks !』から約8カ月。表紙の色も鮮やかになった新作『整理 HACKS !』が発表された。この間、小山氏はムック本の監修、ビジネス雑誌の取材、セミナーなど精力的に活動していた模様。また『整理HACKS !』p105には私が作成した「ブロガーマトリックス」も掲載されている。

『勉強術』
インフォレスト

『整理 HACKS !』
東洋経済新報社

04 神田昌典

ビジネス書界の大カリスマ

フォトリー&マインドマップの伝道師

累計部数200万部以上。あの勝間和代氏も大ファンと表明しているビジネス書業界の大カリスマ。「顧客獲得実践会」からは多くのビジネス書のベストセラー著者を輩出している。また、今人気の「フォトリーディング」や「マインドマップ」を最初に世に広めたのは実質的に神田氏の功績であろう。

上智大学在学中に外交官試験に合格。しかし、東大卒でなかったため外資系企業に転職。リストラにあい独立。事業はうまくいくも家族とのトラブルが発生し……、と著作に登場する半生のエピソードは波乱万丈に思えるが、よくよく考えると、結構なキャリアの持ち主である。また現在は講演と執筆活動に専念しているようだ。

最新作、『全脳思考』（ダイヤモンド社）も絶好調。同著はピーター・ゼンゲ氏やオットー・シャーマ氏の影響が色濃く感じられるが、過去にはチャック・スペサーノやローレンス・ソープなどかなりマニアックな海外著者を参考文献などで紹介している。

☑今日のビジネス書ブームを創出

『あなたの会社が90日で儲かる！』から『非常識な成功法則』までの初期の作品は、ダイレクトマーケティングの手法を日本に紹介するとともに、情報商材のセールスレターを思わせる刺激的な文体が特徴。発行元のフォレスト出版の後続作品に「フォレスト文体」とでもいうべき影響を与えている。

中期の『成功者の告白』以降、『人生の旋律』、『お金と正義』など小説、フィクションの手法を用いた作品を手がけて以降は、監訳本やお勧めの本を紹介するといった形式の著作が続いたが今年、久々に『全脳思考』というオリジナルのビジネス書を発行した。

カリスマ経営コンサルタントにして、刺激的な内容のビジネス書を書き下ろしで発行し続けるスタイルは、今日の「ビジネス作家」と呼ばれるスタイルを確立したとも言える。

いつまでこのビジネス書ブームが続くかは不明だが、今日のブームを作り出した功労者にしてフロントランナーである。

● 初期の作品

今やビジネス書界のカリスマ的存在である神田昌典氏であるが、そのデビューは1990年代後半にまで遡る。そう考えると、失礼ながら大企業の経営者でも有名な評論家でもない神田氏が10年以上もビジネス書作家として生き残っていることは驚異的な生命力である。なお初期は「実践マーケッター」を名乗っていた。

- **『あなたの会社が90日で儲かる！』** フォレスト出版
- **『あなたもいままでの10倍速く本が読める』** フォレスト出版
- **『60分間・企業ダントツ化プロジェクト』** ダイヤモンド社
- **『非常識な成功法則』** フォレスト出版

● 中期の作品

初期の最高傑作『非常識な成功法則』を発表した2002年６月以降、共著、監修本、手帳本という黄金パターンを踏襲しながら2004年１月の『成功者の告白』以降は2005年７月『人生の旋律』、2006年10月『お金と正義』とフィクション路線へ一時的に転向。

- **『成功者の告白』** 講談社
- **『人生の旋律』** 講談社
- **『お金と英語の非常識な関係』** 宝島社
- **『お金と正義』** ＰＨＰ研究所

● 最近の作品

微妙な評価だった『お金と正義』以降、『３つの原理』、ローレンス・トーブ『ザ・コピーライティング』などの監訳を手がけていたところ、突然大ブレイクした勝間和代氏が、「神田昌典の大ファン」と公言しはじめ、再び脚光を浴び始める。ついに６月には久々の書き下ろし最新作『全脳思考』を発表。早くも話題を呼んでいる。

- **『３つの原理—セックス・年齢・社会階層が未来を突き動かす』** ダイヤモンド社
- **『10年後あなたの本棚に残るビジネス書100』** ダイヤモンド社
- **『ザ・マインドマップ』（翻訳）** ダイヤモンド社
- **『全脳思考』** ダイヤモンド社

フォトリーディングとマインドマップを世に広めた男

累計200万部突破！

プロフィール

上智大学外国語学部卒。大学3年次に外交官試験合格。大学4年次より、外務省経済局に勤務。

ニューヨーク大学経済学修士（MA）、ペンシルバニア大学ウォートンスクール経営学修士（MBA）取得。その後、米国家電メーカー日本代表を経て、経営コンサルタントに。多数の成功企業やベストセラー作家を育成し、総合ビジネス誌では「日本一のマーケター」に選出されている。

ビジネス書、小説、翻訳書の執筆に加え、ミュージカル、テレビ番組企画など、多岐にわたる創作活動を行うほか、株式会社ALMACREATIONSの社主を務める。

主な著書に『60分間・企業ダントツ化プロジェクト』（ダイヤモンド社）、『成功者の告白』（講談社）、『非常識な成功法則』（フォレスト出版）、翻訳書に『ザ・マインドマップ』（ダイヤモンド社）、『あなたもいままでの10倍速く本が読める』（フォレスト出版）など。

05 苫米地英人

これぞ天才!? 常識では計れない
スケールの大きさが魅力!

内容もタイトルも刺激的!

オウム事件の脱洗脳を手がけ一躍有名になった脳機能学者、苫米地英人氏。

初期の著書は未だに最高傑作と評価の高い『洗脳原論』など、心理学寄りの内容だったはずだが、2007年頃から突然、脳と成功をテーマにした著作を毎月発行するようになり、一躍ビジネス書の著者として有名になっていく。

祖父は衆議院議員、父親は興銀マンという家庭で中高は駒場東邦に。

中1で父親の転勤でアメリカへ。飛び級しながらディベートにハマり、帰国後、上智大学へ。卒業後、コネ入社で三菱地所へ。ロックフェラーと懇意になる、などという経歴は、『自伝ドクター苫米地』(主婦と生活社)に詳しい。

三菱地所時代は、社長の通訳をつとめてロックフェラーセンター買収に立ち会い、その後、フルブライト留学生としてカーネギーメロン大学で博士号取得。帰国後は、オウムの脱洗脳に

常識では計れないスケールの大きさが魅力！
上智大ではESSに所属 日本に本格的ディベートを広める。
ロックフェラーに運転させたことも。
ルー・タイスのおじさんが…

関わるなど、経歴、能力とも常識ハズレなのだが、著作の内容も、ホメオスタシス、抽象化、ストコーマなど聞きなれない用語がバンバンでてくる上に「50倍頭が良くなる」とか「英語脳を作れ」とかタイトルも刺激的なのが特徴。

☑ジャニーズ的人気現象

初期の『洗脳原論』（春秋社）は紛れもない名著。この本で大事な部分はすべて語りつくされているような気もしないでもない。

噂によると、各社担当編集陣が苫米地オフィスに詰めて取ったコメントを、テーマが重ならないように、交通整理をして本が発行されている、なんて噂も。

本人が天才的な人物でカルト的なファンも多いせいか著作、DVDセミナーと全てコンプリ

● 初期の作品

現在では月に１冊から多いときには月３冊ほどのペースで新刊を発行している苫米地氏だが、まだこの頃の世間一般の認知は「オウム信者の脱洗脳を手がけた人」であっただろう。著書も最高傑作『洗脳原論』はじめ、タイトルに洗脳とついたものばかりである。

- 『洗脳原論』 春秋社
- 『洗脳護身術』 三才ブックス
- 『CIA洗脳実験室 父は人体実験の犠牲になった』（訳書） デジタルハリウッド出版局
- 『脳と心の洗い方「なりたい自分」になれるプライミングの技術』 フォレスト出版

● 中期の作品

ところが2007年のライト自己啓発書『夢をかなえる洗脳力』以降、作風が激変。『頭の回転が50倍速くなる脳の作り方』『世界一簡単な外国語勉強法』など脳機能学者がそれをかいたら反則だろう！　と思わされる過激なライト自己啓発本、勉強本を次々と発表しはじめた。

- 『心の操縦術 真実のリーダーとマインドオペレーション』 PHP研究所
- 『年収が10倍アップする 超金持ち脳の作り方』 宝島社
- 『夢をかなえる洗脳力』 アスコム
- 『本当はすごい私 一瞬で最強の脳をつくる10枚のカード』 講談社
- 『スピリチュアリズム』 にんげん出版
- 『自伝ドクター苫米地「脳の履歴書」―この「成功哲学」に学べ』 主婦と生活社

● 最近の作品

翌2008年から2009年にかけては、「夢がかなう」「年収が10倍アップする」などタイトルこそ違えど中身は「抽象度をアップする」「止観」「ホメオスタシス」「カタレプシー」「Rのゆらぎ」などおなじみのフレーズが登場する焼き直しとも思える作品を次々に刊行。本を発行し、DVD販売やセミナー集客につなげるビジネスモデルがほぼ完成する。

- 『営業は「洗脳」―一瞬でお客様を支配する禁断の営業術』 サイゾー
- 『世界一簡単に目標がかなう 成功脳の作り方』 日本文芸社
- 『超「時間脳」で人生を10倍にする』 宝島社
- 『脳にいい勉強法』 アスコム

ートする読者が続出。ジャニーズと似た現象が見られている。今年はなんと日比谷公会堂で講演会を行った。

プロフィール
1959年東京生まれ。脳機能学者・計算言語学者・分析哲学者。1983年、上智大学外国語学部英語学科（言語学専攻）卒業。同年、三菱地所へ入社。1985年、フルブライト留学生としてイエール大学大学院に留学。その後、カーネギーメロン大学大学院に転入。内部表現の認知モデルと計算手法に関する博士論文を提出し、日本人として初の計算言語学の博士号を取得。帰国後、徳島大学助教授、ジャストシステム基礎研究所所長、通商産業省情報処理振興審議会専門委員などを歴任。中国南開大学客座教授、全日本気功師会名誉校長。現在、ドクター苫米地ワークス代表、コグニティブリサーチラボ株式会社CEO、角川春樹事務所顧問、カーネギーメロン大学コンサルタント。

06

茂木健一郎

昨今の脳本ブームのフロントランナー

現在、日本で最も有名な脳科学者

初期は比較的堅めの著作が多かった茂木氏だが、NHK「プロフェッショナル」の司会を務めてからは、一度見たら忘れられないもじゃもじゃヘアの個性もあって、大ブレイク。一般にも知名度が増すにつれ、脳科学風ライトエッセイ書を連発するようになり、かつそれらの多くがベストセラーになり、今やメディアの寵児《ちょうじ》となっている。

ビジネス書としては、**PHPの脳を活かすシリーズが『脳を活かす勉強法』『脳を活かす仕事術』『脳を活かす生活術』の3冊で累計100万部を超す大ヒットとなっている。**

「脳を活かす」シリーズの特徴としては、「ドーパミンによる強化学習」「タイムプレッシャー」「ミラーニューロン」「モダリティ」「セキュア」など脳の機能を活用する方法を茂木氏自身の経験やイチロー、羽生名人、漫画家の浦沢直樹氏ら各界の一流プロのケースをもとに説明している点にある。

一度見たら忘れられないモジャモジャ頭が特徴！

また、新書も好調で『化粧する脳』『プロフェッショナルの流儀』『女脳』などなど、毎月のように発売される「脳本」が売れ行き好調なのは何よりだが、本業であるはずの脳科学者としての研究や論文発表をする暇があるのか、余計なお世話だがちょっと心配になってしまう。

☑タレントとして盤石？

氏の本は、「脳科学者が書いた本」ということで「特別な内容」を期待して身構えて読むと、ライトエッセイ風な内容も多く、肩透かしをくらうかもしれないが、筑波大付属駒場から現役で東大に合格、東京大学理学部、法学部卒業後、東京大学大学院理学系研究科修了という輝かしい経歴があり、また有名人との交流も多く、「ハロー効果」が発動しているのか、なぜか納得させられてしまう。

脳科学者ということになっているが、ほとんどタレント文化人というポジションに落ち着いている模様。

ただし、これからもタレント文化人としては磐石であろう。間違って露出が減ってしまい、たまにバラエティーでヴァイオリンの生演奏までさせられている音楽家の葉加瀬太郎氏のような微妙なポジションにならないよう、そこだけ注意してほしい。

プロフィール
脳科学者。ソニーコンピュータサイエンス研究所シニアリサーチャー、東京工業大学大学院連携教授、東京藝術大学非常勤講師。1962年、東京生まれ。東京大学理学部、法学部卒業後、東京大学大学院理学系研究科物理学専攻博士課程修了。理学博士。理化学研究所、ケンブリッジ大学を経て現職。

● 初期の作品

初期の茂木健一郎氏は、まさか後年ビジネス書著者として、このような本にとりあげられることになろうとは本人も夢にも思っていなかったであろうラインナップで、まじめに学術路線の本を発行していたようだ。

『脳とクオリア―なぜ脳に心が生まれるのか』 日経サイエンス社	『心を生みだす脳のシステム―「私」というミステリー』 日本放送出版協会
『心が脳を感じるとき』(『クオリア入門』と改題され、筑摩書房から「ちくま学芸文庫」として出版)。 講談社	『意識とはなにか―「私」を生成する脳』 ちくま新書

● 中期の作品

脳科学者、茂木健一郎として世間に名前を売り出した頃。ただし、2006年後半のTV「プロフェッショナル」司会で「あのモジャモジャ髪の学者」と世間に顔と名前を認知され、2007年以降は著作の帯にかお写真が掲載されることが多くなる。また2007年12月の『脳を活かす勉強法』から始まる「脳を活かすシリーズ」が、累計100万部を超す大ヒットとなる。

『「脳」整理法』 ちくま新書	『すべては脳からはじまる』 中公新書ラクレ
『クオリア入門―心が脳を感じるとき』 筑摩書房	『欲望する脳』 集英社新書
『プロセス・アイ』 徳間書店	『それでも脳はたくらむ』 中公新書ラクレ
『ひらめき脳』 新潮新書	『脳を活かす勉強法―奇跡の「強化学習」』 PHP 研究所
『やわらか脳―茂木健一郎「クオリア日記」』 徳間書店	『すべては音楽から生まれる―脳とシューベルト』 PHP 新書

● 最近の作品

バラエティー番組への出演も増え、すっかりタレント文化人的ポジションが定着。2008年11月には『脳にいいことだけをやりなさい!』の監訳も手がけ、ビジネス書著者としても空前の脳本ブームのフロントランナーとして活躍中だ。

『脳を活かす仕事術―「わかる」を「できる」に変える』 PHP 研究所	『脳は0.1秒で恋をする』 PHP 研究所

07 山田真哉

「爽やか系現役公認会計士」兼「萌え系小説作家」

弱冠30歳！ 空前の新書ベストセラー作家

累計170万部を数える『さおだけ屋はなぜ潰れないのか？』で鮮烈なデビューを飾った山田真哉氏。その作風は、世の誰もが「あるある」と膝を打つ素朴な疑問に、会計的な視点で鮮やかに答えている点にあるのではないか。

新書の歴史を変えるような画期的な作品を生み出した著者が弱冠30歳の爽《さわ》やか系公認会計士であったことも話題になったが、実は小説家としてのデビューの方が早く、もともとはTACの会員誌の連載から始まった会計ミステリー小説『女子大生会計士の事件簿』もシリーズ100万部を突破している。

著書は累計300万部！

累計300万部を突破している大ベストセラー作家である。若くしてヒットを飛ばしているが、最初の『女子大生会計士の事件簿』はブックファンド形式での出版だし、他の著作も、自費での広告出稿や、著者自らの書店回りなど、「売るための努力」を誰よりもしている部分も見逃せない。

最近は著作と連動してドラマなどのメディアミックスもしかけるなど、爽やかなルックスの裏側で会計士ならではの緻密《ちみつ》なソロバン勘定も併せ持つハイブリッドなビジネス書著者である。

プロフィール
1976年兵庫県神戸市生まれ。大阪大学文学部史学科卒業。公認会計士山田真哉事務所所長。代表作『さおだけ屋はなぜ潰れないのか？』はミリオンセラーを達成し、会計本としての金字塔を打ち立てた。会計ミステリー小説『女子大生会計士の事件簿』もシリーズ100万部を突破し、そのキャラクターは他の作品にもたびたび登場している。

● 初期の作品

ホームページのプロフィールによると、監査法人で勤務しはじめた翌年の2001年に専門学校TACの機関誌「TACNEWS」にて『女子大生会計士の事件簿』の連載開始。やがて、英治出版より『女子大生会計士の事件簿』『世界一感動する会計の本です　簿記・経理入門』を経て2005年に『さおだけ屋はなぜ潰れないのか？』を上梓。

『女子大生会計士の事件簿』
英治出版

『世界一感動する会計の本です 簿記・経理入門』
日本実業出版社

● 中期の作品

『さおだけ屋はなぜ潰れないのか？』はなんと、７カ月でミリオンセラーを達成。2007年４月『食い逃げされてもバイトは雇うな』、2008年２月『「食い逃げされてもバイトは雇うな」なんて大間違い』と合わせて累計300万部とも言われるメガヒットとなった。またその作者が爽やか系のルックスの公認会計士であるという点も話題になる。

『さおだけ屋はなぜ潰れないのか？』
光文社

『食い逃げされてもバイトは雇うな 禁じられた数字〈上〉』
光文社

『「食い逃げされてもバイトは雇うな」なんて大間違い 禁じられた数字〈下〉』
光文社

● 最近の作品

表紙にアイドルの写真がでかでかと掲載された『もえビジ　会計RPG　密室の女子大生会計士』は今いちぱっとしない結果に終わったようだが、雑誌やTVなどメディア露出でも活発に活動しており、今後も「二足のわらじ」を履いた作家活動にますますの活躍が期待されている。

『もえビジ 会計RPG 密室の女子大生会計士』
角川グループパブリッシング

「さおだけ屋…」160万部！
「食い逃げされても」70万部！
ちなみに
「女子大生会計士シリーズ」も
累計100万部突破！

08 小飼弾

自らビジネス書も発表する、最強の書評ブロガー

唯一無二、天上天下唯我独尊状態のアルファブロガー&著者

小飼弾氏が、最初に一般に知名度をアップさせたのは、ライブドア騒動の際に、上場前のオン・ザ・エッヂCTOとしてメディア露出した頃に遡《さかのぼ》るであろう。その後、いくつかの雑誌連載などでメディア露出していたのだが、いつの間にか自身のブログ「404 Blog Not Found」が、月間100万PVを超えるお化けブログに成長し、今や「アルファブロガー」の代名詞的存在になったといっても過言ではあるまい。

そんな小飼氏の本格的な著作は『小飼弾のアルファギークに逢ってきた』（技術評論社）である。

同書においては、まだ氏のプログラマー・ギーク属性に寄って立ったスタンスの一冊だったが、次作の『弾言』以後、著書でタッグを組む山路達也氏が筆を取るスタイルではあるが、がちがちのビジネス書として堂々のベストセラーとなり、同時期の勝間和代氏との対談もあり、

最強の書評ブロガーにしてビジネス書の著者でもあるという唯一無二の属性を勝ち取ったと言える。

☑書評ブロガーの価値を高めた功績

出版不況と言われ、特に文芸系の小説などがさっぱり売れない状況の中、なぜかビジネス書が元気のいい昨今であるが、見逃せないのが書評ブロガーの存在である。ビジネス書の場合、新刊でかつ話題になりそうな本は目利きのブロガーやメルマガ発行者が情報をリリースすることで、ある程度の初動が確保されるといわれている。

そうした状況の中、ａｍａｚｏｎのアフィリエイトが月60万円とか、月間ＰＶが１００万などという「伝説」を誇っているのが、小飼氏のブログ「404 Blog Not Found」である。

リアル書店重視ネット書店軽視で、なおかつ書評ブロガーの存在を認めようとしなかった大手総合出版社の編集者ですら、今やブロガー様への献本活動に涙ぐましい努力をしているほどであるが、なにぶん、ネットの世界のしきたりがリアル世界と違う上に運営者に頑固なプログラマーなどが多いだけに、振り回されて泣かされている、なんて情報も入ってきて逆に面白い。

ブロガーを含め、ネットではユーザー優位の状況もある程度、成立しているのかも。小飼氏自身は今後、著作が売れるようであれば、日本ブロガー党的なスタンスでの出馬まで考えられる位置にある。

プロフィール
1969年生まれ。ブロガー／プログラマー／投資家。1996年ディーエイエヌ有限会社設立、1999年オン・ザ・エッヂ（現ライブドア）CTO（取締役最高技術責任者）として、上場前の同社の礎を築く。2001年再びディーエイエヌ有限会社代表取締役。2004年、「404 Blog Not Found」開始。人気No.1のアルファブロガーであり、プログラミング言語Perlの標準添付最大のモジュール「Encode」のメンテナンスを担当するカリスマプログラマーとして活躍。

● 初期の作品

オン・ザ・エッヂのCTOにしてカリスマプログラマーだったはずの小飼弾氏だが、いつの間にか、投資家兼カリスマアルファブロガーへと華麗に転身を遂げ、2008年４月に『小飼弾のアルファギークに逢ってきた』でビジネス著者となる。最強の書評ブロガーにしてビジネス書著者という唯一無比の属性を手に入れた。

『小飼弾のアルファギークに逢ってきた』
技術評論社

『弾言―成功する人生とバランスシートの使い方』
アスペクト

● 最近の作品

スマッシュヒットとなった『弾言』に続き2009年２月には『決弾』と『「仕組み」進化論』を同時リリース。雑誌や講演会、対談への出演も増えている。今後どのように活動を展開していくのか注目が集まっている。

『小飼弾の「仕組み」進化論』
日本実業出版社

『弾言』
アスペクト

『決弾』
アスペクト

09 石井裕之

謎の肩書き「パーソナルモチベーター」

本もセミナーも大ヒット

石井裕之氏のセラピスト体験の集大成ともいえる目標達成プログラム「ダイナマイトモチベーション6ヶ月プログラム」も、高額にもかかわらずすでに1万人の手に渡る大ヒット作となっている。2008年10月14日には、東京国際フォーラム・ホールAにて、5000人を集めるセミナーを成功させた。

累計60万部突破のベストセラーシリーズとなった著書、『「心のブレーキ」の外し方』（フォレスト出版）は、いまも全国の読者から熱い感謝の手紙が絶えない。

また、日本ではじめて「コールドリーディング」というニセ占い師の会話テクニックを紹介した『コールドリーディング』シリーズも、累計55万部を突破した。

そのほか、『ダメな自分を救う本』（祥伝社）、『コミュニケーションのための催眠誘導』（光文社）、『カリスマ　人を動かす12の方法』（三笠書房）など、著書・監修本は二十数冊にのぼる。

☑次世代のあり方を先取り

肩書きのパーソナルモチベーターというのが、どんな職業かわからないが、著作は売れに売れている。

特徴としては、著作をフロント商品としたセミナーやＤＶＤの販売に力を入れているところ。版元のフォレスト出版も、一緒に商売しているようだが、この出版不況下にあっては、版元からは書き手へのフォローもあまり期待できないので、著者自らがブランディングして、印税収入以外の売り上げや固定収入を確保するビジネスモデルは真剣に考える必要があるだろう。そういった観点からすると、次世代の作家のあり方をうまく先取りしているのが石井氏のようなタイプなのかもしれない。

プロフィール
１９６３年・東京生まれ。パーソナルモチベーター。セラピスト。催眠療法家。有限会社オーピーアソシエイツ代表取締役。
著書にベストセラー『コミュニケーションのための催眠誘導』（光文社）、『「女対女」の深層心理』（光文社）、『強いリーダーはチームの無意識を動かす』（ヴォイス）、監修／翻訳本に『なぜ、「頑張っている人」ほど、うまくいかないのか？』（フォレスト出版）、『サイレント・パワー』（ヴォイス）などがある。

コールドリーディングの
第一人者
セミナーやDVDも
絶好調!?

● 初期の作品

2005年６月の『一瞬で信じこませる話術　コールドリーディング』が累計45万部の大ヒット。カリスマセラピスト＆パーソナルモチベーターとしての地位を確立し、セミナー「石井道場」やDVD「ダイナマイトモチベーション」も大ヒットした。

- **『なぜ、「頑張っている人」ほど、うまくいかないのか』** フォレスト出版
- **『一瞬で信じこませる話術 コールドリーディング』** フォレスト出版
- **『コミュニケーションのための催眠誘導』** 光文社
- **『カリスマ〜人を動かす12の方法』** 三笠書房

● 中期の作品

2006年12月『「心のブレーキ」の外し方』、2007年７月『「心のDNA」の育て方』以降、監訳書、フィクションなどを手がけるも新展開はパッとせずに終わる。

- **『人生を変える！「心のブレーキ」の外し方』** フォレスト出版
- **『人生を変える！「心のDNA」の育て方』** フォレスト出版
- **『ホムンクルスの目』** 小学館
- **『７日間でキラキラになる』** マガジンハウス
- **『大切なキミに贈る本』** 祥伝社
- **『「もうひとりの自分」とうまく付き合う方法』** フォレスト出版

● 最近の作品

初心に戻り（？）2009年５月にフォレスト出版より『コールドリーディング入門』『あるニセ占い師の告白』を同時リリース。こちらは売れ行き好調な模様。2008年にセミナーに5000人を集客するなど累計200万部の石井ブランドの力を見せ付ける。

- **『がぼ』** 祥伝社
- **『壁』** フォレスト出版
- **『あるニセ占い師の告白』** フォレスト出版
- **『コールドリーディング入門』** フォレスト出版

10 小室淑恵

「ワーク・ライフバランス」美貌の伝道師

アイドル系ビジュアルで説く生産性の向上

彼女の著書でまず目を引くのが、帯に掲載された著者・小室淑恵さんの写真である。失礼ながらグラビアアイドルとしても通用しそうな美貌で、「ビジネス書の著者もここまできたか」と驚いてしまった。

ブレイク作品『キャリアも恋も手に入れる、あなたが輝く働き方』で提唱するワーク・ライフバランスは、「仕事もプライベートもほどほどに頑張りましょう」という安易なメッセージではない。

ライフの充実がワーク時に多くのアイデアを生み、より高度な創造につながるという「公私の生産性の向上」を説いているのだ。

全体の構成としては、第1章では、日本企業に見られる「仕事とプライベートの誤解」を挙げ、第2章では、専業主婦志向が強かったという著者が、いかにワーク・ライフバランスに目覚め、そして自分の家庭と仕事においで実行しているかが書かれている。

そして第3章、第4章で、ワーク・ライフバランスの実現を「机上の論理」ではなく「現実の問題」と捉えた著者の豊富な実例、ノウハウが紹介されている。例をいくつか挙げておこう。

☑ビジネス書に現れたジャンヌ・ダルク

近年のビジネス書女性著者のビジュアル化路線はますます加速し、今や表紙に写真を載せていない人のほうが珍しい気がする。しかし、私はこの傾向には危惧《きぐ》を覚えている。

小室さんほどの美貌に実力が伴った方であれば、ビジュアル化路線も大いに結構であるが、実力派が無理やりビジュアル路線を目指しても痛々しいものがあるし、逆に実力が伴わないビジュアル路線も一発屋で終わる危険性が高い。タレント的展開がご希望であれば、てっとり早い手法かもしれないが、お笑い芸人もそうだが、ビジネス書の著者はネタで勝負するもので、「ビジュアルがウリ＝実力がない」という意味だったはずだ。

安易なビジュアル重視路線が極まれば、アイドルにおけるＳＭＡＰのようにルックスも良くお笑いも歌もできるというタレントに淘汰《とうた》されかねない。

つまり、美人すぎるビジネス書著者にゴーストライターを立ててタレント著者としてプロデュースするうちに本人の実力も伸びてきて、なんてことになっては実力派としては死活問題で

● 初期の作品

2007年7月『ワークライフバランス』は、装丁からして専門書のような雰囲気。帯にかわいらしい（?）ご本人の写真が掲載された『キャリアも恋も手に入れる、あなたが輝く働き方』で一気にブレイクした。

- 『なぜ、あの部門は「残業なし」で「好成績」なのか？』 JAMM
- 『キャリアも恋も手に入れる、あなたが輝く働き方』 ダイヤモンド社

● 最近の作品

『キャリアも恋も手に入れる、あなたが輝く働き方』以降も順調に著作を発表し、ビジネス誌の取材なども殺到し人気者に。それに伴い戦略的なものかただのイメチェンか帯掲載の写真も最近はグッと大人っぽい雰囲気のものになっている。サブプライムローン問題後の世界同時不況でワークシェアリングに対する注目度が上がるなど、時代を先取りしていた部分もある。

- 『小室淑恵の超実践プレゼン講座』 日経BPムック
- 『6時に帰るチーム術』 JAMM

ワークとライフのバランスが重要です！
抜群のビジュアル性を誇るビジネス書女性著者

ある。

まあ、話を戻すと、小室さんの本を、タレント著者本と勘違いする方もいそうだが、決してそういう種類の本ではない。むしろ「長時間労働」で「出会いがない」などと悩んでいる男性も、一度、手にとって自分のワーク・ライフバランスを考えるきっかけにしてほしいと思う次第である。

プロフィール
1975年東京都生まれ。1999年資生堂に入社し、社内のビジネスモデルコンテストで優勝。育児休業者の職場復帰支援事業を立ち上げる。同社退職後、2006年に（株）ワーク・ライフバランスを設立。
育児休業者、介護休業者、うつ病などによる休業者の職場復帰をサポートする仕組み「armo（アルモ）」を開発し、約200社で導入されている。講演、執筆活動のほか、内閣府の専門調査会や研究委員会の委員も務める。

PART 5

ベストセラー・ビジネス書「書き方」の法則

ベストセラー・ビジネス書を書こう!
仕組みが分かれば読むだけでなくベストセラー・ビジネス書を書くことも出来るのです
自分のノウハウを世に広めよう!
ベストセラー・ビジネス書を書く上で大切なことは6つあります
ゴールセッティング
タイトルとまえがき
章立てと構成
セールスプロモーション
文章術
キャラ
編集者との出逢いは恋愛と一緒なのです
編集者との出逢いは恋愛と一緒!
編集者
著者
ベストセラー・ビジネス書はディズニーランド!いかに読者おもてなしするかが大事なのです
勝間和代
スプラッシュマウンテン
本田直之
ホーンテッドマンション

01 アウトプットの方法

究極のアウトプットとは

経営者やコンサルタントである場合、**本を出版する＝著者ブランディングのメリット**はあえて言うまでもないだろう。

出版は個人のIPOといわれるほどで、企業の新規上場と同様に知名度も信頼度も個人としての社会的な価値までもがアップする、と言われている。

つまり、IPOであれば、創業社長の持ち株の価値は数十倍にもなり、一晩で普通の人が億万長者になるわけだが、出版もスケールこそ劣るが**普通の人が一晩で「○○先生」に成り上がるチャンス**と捉えている人も多いと言えよう。

なにしろ本を出版すると印税という副収入はもちろんのこと、会社のHPのプロフィールや名刺に著者名が入るので、お金では買えない信頼度がアップする。それだけではなく、著名人や他の著者との人脈が広がり、マスコミの取材や講演会の依頼などが来れば収入も知名度もぐんぐん上昇する。

こうした有形無形のメリットがあればこそ、多くの人が出版を目指すのだが、黙っていてもチャンスがやってくるはずもなく、かといって自費出版ともなれば最初に数百万円を用意しなければいけないこともある。

では、普通の人が出版するなど夢物語なのだろうか……。否、決してそんなことはない。

類は友を呼ぶというが、社長の周りには社長が集まり、金持ちの周りには金持ちが集まる。美人は美人とつるみ、頭の良い人の周りには頭の良い人が多いように、出版したことのある人の周りには不思議と出版経験がある人ばかりが集まっているのだ。

これは単純に何らかのきっかけで本を出すと、他の著者の出版パーティーなどに呼ばれることが増え、自然に人脈が形成されていくケースもあるが、出版したことのある人の周りにいることによって、編集者と知り合ったり、著者にプロデュースしてもらったり、門前の小僧習わぬ経を読む、ではないが、本を出すということ自体が不思議とそんなに難しく感じなくなり、企画書などをまとめてみたところ、それが認められて出版に至る、なんてラッキーなケースも多い。

なぜ、そんなことがいえるかというと、私自身の周りにいる人間が1冊どころか、5冊、10冊と出版していたり、編集者などが多いからでもあるし、「ビジネス書ベストセラーがすらすらかけるセミナー」という参加費1万円のセミナーに、のべ300名もの方に参加いただき、

9割5分くらいの方からはアンケートなどでも大満足したと聞いている。

そして、私自身のセミナーからもすでに数冊の本が世に出ている。

ここでは、アウトプットとしての出版のテクニック、そして私が何よりも大事だと考えている「ベストセラー著者の心得3か条」を発表させていただく。

☑インプットをアウトプットに変えていこう！

さて、ビジネス書を書くにあたって、まずテクニカルな部分からお話しすると、次のようなことを考えておく必要がある。

1 ゴールセッティング
2 タイトルとまえがき
3 章立てと構成
4 ベストセラーの文章術
5 キャラ立ち
6 セールスプロモーション

このうち、1～3までは、すでに、第三章、第四章で解説したが、売れているビジネス書には共通するパターンがある。「学ぶとはまねぶ」だとよく言われるが、素人がまったくの独創的な方法でベストセラーを目指すのは愚の骨頂である。まずは、確実に売れているパターンというか売れている本を書いている著者のフレームワークを学び、自家薬籠中《じかやくろうちゅう》のものとすべく、徹底的に研究するのである。

要するに、読者目線ではなく、書き手の気持ちになり切って読むことで、見えてくるものがある、という話である。

1～3については、重複になるので、ここでは簡単に触れるだけにとどめる。

ゴールセッティングについて

さて、ビジネス書を書くにあたって、まずやることとは、ゴールセッティングだ。ビジネス書でよく言われることであるが、何事も望むべき最終地点を設定し、いかに効率よくそこにたどり着くかの方法を考えなくてはならない。

あなたの本を書く目的はなんであるかを自問自答してほしい。

「なぜ、あなたはビジネス書を書きたいのか？」

私は、自分のセミナーの冒頭で、受講者に質問するようにしている。

『さおだけ屋』の山田真哉さんや、『夢をかなえるゾウ』のようなミリオンセラーを書きたい。今やっている仕事のスキルを多くの人に伝えたい。昔から文章を書くのが好き。読む人にわかりやすい本を書くことが目的です。などなど、人によって答えは千差万別であるし、なかには「一言では言えません」などという人もいる。

しかし、私がいいたいのは、そのような小難しい話ではない。

ゴールセッティング（＝本を書く目的を明確にする）にあたって、すでに本を出している人の中から、自分の目指すパターンに当てはまる人をロールモデルにして、モデリングしましょう！　ということになる。

ゴールセッティングが決まることで、まずどこの出版社から本を出すべきか、とか本が出た後の取材対応をどうするか、などさまざまなことが明確になるのだ。

私が多くのビジネス書を読み込むうちに見えてきた典型的なゴールセッティングのパターンとして、すでに第三章で述べたように、６つある。

パターン１　取材殺到→雑誌→講演会→ＴＶ→政界進出
パターン２　情報商材を売る・セミナーをする

パターン3　副業執筆↓ベストセラー↓コンサル作家
パターン4　趣味のブログ↓夢の書籍化↓人生の思い出作り
パターン5　企画持ち込み↓仕事の依頼↓大ベストセラーを書くぞ
パターン6　どうしても書きたいこと・伝えたいことがある人

第三章を参考に、自分の目指す成功パターン（代表人物も）を探して、ロールモデルを見つけよう。

タイトルの法則と「はじめに」の重要性

表紙やタイトルも大事であるが、これからビジネス書を書こうという人間にとって、タイトルはさほど気を遣う必要はない。

なぜならタイトルに関して言うと、編集者というプロがいるので、すでに書く前から「タイトルが決まっている」などというケースをのぞき、正直言うと、どうでもいいと言っていいくらいなのだ。

「ホッテントリーメーカー」（http://pha22.net/hotentry/）というのをご存知だろうか？

「ホッテントリー」とは、「はてな」ニュースに「Hotentry」するようなホットなニュースのこと。「ホッテントリーメーカー」とは、自動的にホッテントリーしそうなブログ記事のタイトルを考えてくれるサービスなのである。

たとえば「ビジネス書について書く」と入力すると、ホッテントリーになりそうなタイトルは、

■あなたがビジネス書を選ぶべきたった1つの理由　199 users（推定）
■ビジネス書について買うべき本5冊　25 users（推定）
■イーモバイルでどこでもビジネス書　13 users（推定）
■ビジネス書を使いこなせる上司になろう　24 users（推定）
■「ネーミングセンスがない……」と思ったときに試してみたい5つのビジネス書　59 users（推定）

などと、ハテブ数（はてなブックマークの数）まで予想してくれる、超便利なサービスである。

ちなみに「ビジネス書　トリセツ」では、ホッテントリーになりそうなタイトルは、

■ついに登場！「Ｙａｈｏｏ！　ビジネス書　トリセツ」　1107 users（推定）
■ビジネス書　トリセツについてみんなが誤解していること　30 users（推定）
■ビジネス書　トリセツは中高生のセックスに似ている　6 users（推定）
■「ビジネス書　トリセツ」で学ぶ仕事術　136 users（推定）
■ビジネス書　トリセツは俺の嫁　16 users（推定）

同様に、「水野俊哉　ビジネス書」では、

■もう水野俊哉　ビジネス書　しか見えない　210 users（推定）
■あの娘ぼくが水野俊哉　ビジネス書　決めたらどんな顔するだろう　212 users（推定）
■怪奇！　水野俊哉　ビジネス書　男　288 users（推定）
■史上空前の水野俊哉　ビジネス書　ブームを総括　62 users（推定）

などなど、まあ適当なものも多いが、なかなか笑えるサービスである。

実は本のタイトルも同じような仕組みになっている。とくにビジネス書のタイトルは基本的には出版社サイドが決めることが多いのだが、出版時期にヒットしている本のタイトルに影響されることが多いのだ。

たとえば今ならグーグル関係の本が売れているので、グーグルの秘密、経営術、入社試験、英語勉強法、はては一見関係なさそうな営業術など、なんでもグーグルをつける傾向がある。『夢をかなえるゾウ』がヒットしたとたんに、なんとかな猫とか、犬とか動物をつけるタイトルが増えたり、『さおだけ屋はなぜ潰れないのか？』という本が売れると『○○はなぜ××なのか』という本が増えるのも典型例である。

ビジネス書のジャンルというのも大まかに決まっているので、**タイトルは「旬のキーワード＋ジャンル」**となっているケースがほとんどである。

大体、私も書籍のタイトル会議というものに付き合わされたことがあるが、それぞれ組み合わせたものを持ち寄って最後は編集長が独断と偏見で（？）決めてしまう、なんてこともよくあるようだ。

こうした編集者の頭の中を仕組み化したのが次ページの図である。

このようにキーワードとジャンルを無意識的に組み合わせているのである。

本の場合、ドラマなどと違い（湯煙・女子大生・地名・殺人事件など）1つの本で1テーマというようにキーワードを絞らないと内容も散漫になるので、「××＋○○」というパターンがほとんどである。

タイトルのワーク用紙 売れっ子編集者の頭の中を仕組み化する		
左　投資・ビジネス・学術・スポーツ		右　ジャンル
アライアンス		時間術
レバレッジ		仕事術
サンクコスト		勉強法
レベニューシェア		整理法
デューデリジェンス		知的生産術
ガナバンス		成功法則
エンパワーメント		７つの法則
ソリューション		～の習慣
投資・ファイナンス		魔法の〇〇
アセットアロケーション		～マネジメント
リバランス		～の条件
パッシブ		～しなさい
アクティブ		～の方法
インデックス	＋	～の瞬間
ランダムウォーク		～のすすめ
ファンダメンタルズ		～の教え
ターンアラウンド		～のリアル
ドル・コスト		～の名言
システムトレード		～ノート
フルローン		～の真実
ポートフォリオ		～本 50 冊
ファットテール		～の研究
学術		～～はなぜ～なのか？
プロスペクト		～～の日は～～して〇〇しよう
ピークエンド		～の地平線
ソマティックマーカー		～しんぼ
コミットメント		部屋とＹシャツと私
ヒューリスティック		～～ファミリー
バイアス		つんく♂　？
アンカリング		ゾウ？

だからタイトルはプロの編集者に任せてしまっていい。

というより、もしも「タイトルが思い浮かばないから書けない」なんて方がいたとしたら、そんなにもったいないことはないので、むしろ、書き手にとって、より重要な「まえがき」を一生懸命書くべきである（第三章参照）。

これは後の心構え編で書くが、今の時代、出版したかったら婚活ならぬ「本活」すべき！と私はいつもセミナーで話している。その「本活」にあって、お見合いで言えば「身上書」にあたるのが「まえがき」である。それはプロフィールじゃないのか？　という声も聞こえてきそうだが、プロフィールなんかよりもむしろ「まえがき」。とにかく「まえがき」。「まえがき」を制するものは出版を制す！　というくらいの心構えでいてほしいほどだ。

02 ベストセラーの文章術

章立てと構成

章立て、すなわち目次については、第三章に述べた通りであるので、それを参考にしてほしい。

ここから徐々にメインの文章術に入っていくが、そのまえに、一応文章の構成法としては、

・オリジナル
・引用
・ストーリー
・解説型

がある。

「**オリジナル**」とは、自分のオリジナルのネタを書くこと。
「**引用**」とは、他の本や誰かの名言を引用しながら書くこと。
「**ストーリー**」とは、ビジネス小説など物語の形式で書くこと。
「**解説型**」とは、何かの事例についての解説をしていくパターンである。

細かいことであるが、これらのテクニックをケース・バイ・ケースで使い分けバランスよく配置していくのが、ポイントである。

また、応用編としては、

・**メリット提案型**
・**ソリューション型**
・**感動共有型**

という分類も可能である。これはどういうことかというと、

「**メリット提案型**」は「この本を読んで、実行すると、こんなにメリットがありますよ〜」と、

情報商材のセールスレターのように、読者のメリットを提案していくパターンである。

情報商材のセールスレターにおいては、大抵、金か異性が楽して手に入る、ということが書いてあるのだが、それが本当かどうかはさておき、徹底的に読者の楽して成功したい願望をくすぐるテクニックだ。

「**ソリューション型**」とは、コンサルタントがよく用いる問題解決の手法を提案するようなロジカルな文章である。

「**感動共有型**」は「私は〜〜だと思うんですけど、みなさんもそうですよね」など、感情を共有するような話法である。女性経営者の講演などでは、ロジカルな話よりも感動を共有する雰囲気が重視されるため、うなずけた。

もしも、あなたが女性でなおかつビジネス書を書こうとしていて、でも、ちょっと上から目線でロジカルに主張するキャラじゃないなーと思ったら、迷わずこの「感動共有型」にするといい。モデルケースは和田裕美さんなどである。もうＴＴＰ（徹底的にパクる）しよう。

☑人を引きつける文章とは

さて、いよいよメインディッシュの文章術である。誰でも人の心を掴むような売れる文章を書いてみたいと思うだろうが、まずはＴＴＰしてみよう。ＴＴＰとは、「徹底的にパクる」ことの頭文字である。

先ほども書いたが、職人の世界では習うより慣れろ。学ぶの語源はまねぶからきているのだ。これから現在、売れに売れている著者の代表的な文章のパターンを引用するのでＴＴＰもしくはモデリングしてほしい。

……と、その前に。文章術について、補足しておこう。

まず、売れる本の文章にとって大事なことはなんであろうか？　それは「オリジナリティ」である。

さっき、ＴＴＰしろって言ってたじゃないか？　と、またちょこざいなつっこみをする若輩者もでてきそうであるが、素人が独創性を追求すると、往々にしてとんでもない大失敗をおかしやすいので、まずはＴＴＰもしくはモデリングしてフォーマットを体得しなさい、と言っているのである。

たとえば、あなたが私、水野俊哉の文体をＴＴＰすることに成功したとしよう。その場合でも**「主語と口調」**と**「たとえ話」**さえ、オリジナリティがあれば、あなた独自の文章は成立するのである。

この場合、主語と口調というのが、ポイントである。主語とは何か、**僕**、**俺**、**私**、**小生**、**某**《それがし》、**拙者**《せっしゃ》、**オイドン**、**我**、など色々あるが、ビジネス書で「拙者」とか「オイドン」など奇想天外な主語を使えばオリジナリティが出ますよ～なんて話では当然、ない。

後の「キャラ立ち」で設定するＵＳＰを生かしたキャラ＝主語なのである。

なぜ、キャラ立ちが大事かというと、オンリーワンのネーミングや肩書き、もしくは若干、誇張した経歴で権威づけてブランディングしやすくなる、というセールスの部分にばかり目を向けがちだが、玄人《くろうと》は違う。

あくまで「キャラ立ち」した自分という主語と語っている内容が一致しているからこそ、文章に説得力が生まれ、ひいては本が売れるという、和田裕美さん風に言うと「キャラで売るメソッド」を提唱しているのである（多分、みんな知らないと思うので、キャラで売るメソッドについては、『世界Ｎｏ・２セールスウーマンの「売れる営業」に変わる本』を買ってほしい）。

つまり、バリバリの営業マンという設定のキャラ立ちをしているのなら、口調も「なぜ御社の営業が売れないか、それは……」とあくまでＮｏ・１営業マンのキャラで通すべきだし、「みんな営業って苦手だと思うんです、だからマーケティングが大事です」という方向に話が進みだすと凄くマズイ。

つまり、あの呪文のような畳み掛けるようなロジカルな口調も「勝間和代」というキャラ立ちがあるから通用するわけで、小室淑恵さんみたいなキャラであのような文章を書き出したら、ファンですら引いてしまうと思われる。

ちょっとこの章の本題に入る前に横道にそれてしまったが、**オリジナリティに主語と口調が大事**っていうのは、なんとなくわかってもらえたと思う。

あ、たとえ話の例がなかったが、まあ、それはこれからベストセラーの例文を見ていくので、そちらで堪能してほしい。

☑例文をベストセラー調にしよう！　……勝間和代型

ビジネス書の女王の異名を持つ**勝間和代氏の文章の特徴は、「繰り返し」と「自慢」と「説教」**にある。

勝間氏の著書に登場するやたらと長い、そして常に増加傾向にある「自慢」については第三章で述べたが、他にも単語を意味もなく連呼したり、説教により恐怖心を植えつける手法には卓越したものがある。

例文を見てみよう。

「GIVE& GIVE& GIVE& GIVE& GIVE& GIVE&」
「読書・読書・読書」（『新・知的生産術』ダイヤモンド社）

どちらも一言「GIVE」あるいは「読書」で済む話であるが、なぜ意図的に繰り返すのか。
また、説教に関しては次の例文が典型的である。ぜひ音読してみてほしい。

「このような状況を『情報主義』と私は呼んでいますが、情報主義とは、『情報を持っていない人から、情報を持っている人へ、お金が移動する仕組み』といい替えることができるのです。悪いいい方をすると、賢い人が賢くない人からどんどん搾取をするのが、情報主義の一面でもあります。基本概念としては、情報主義の社会では、より情報を持つ人＝賢い人が、情報を持たない人＝賢くない人から、合法的に、お金を巻きあげているのだということは、肝に銘じる必要があります」（『新・知的生産術』ダイヤモンド社）

この一文は私のセミナーで音読すると、みな爆笑するのだが（試しに人に読んで聞かせてみてほしい）とにかく文章の意味はよくわからないが、情報とかお金、賢い・賢くないというのが大事で、勝間氏の本を読んで勉強しないとお金を搾取されてしまうのではないかという原初的な恐怖心を抱かせる文章である。

まるで、承諾営業の手口や洗脳の手法とそっくりなのだ。

もちろん読書家で神田昌典氏の大ファンを公言する勝間和代氏だけに承諾営業や洗脳について詳しくてもおかしくはないのだが。

ちなみに、苫米地英人氏の名著『洗脳原論』（春秋社）によると、「洗脳とは、われわれの神経レベルでの情報処理・信号処理の段階に、何らかの介入的な操作を加えることによって、その人の思考、行動、感情を思うままに制御しようとすることである」とある。

また洗脳においては、アンカーとトリガーという用語があり、「繰り返し」や「自慢」による権威付け、説教（恐怖心）などがアンカリングされており、熱心なカツマーにとっては彼女の著作を買うとａｍａｚｏｎに好意的なレビューを書き込んだり、ブログで書評を書いたり、アンチを見ると攻撃的になったり、するようプログラミングされている可能性も否定できない。

つまり、私が何をいいたいのかというと、決して勝間和代氏のことを否定しているのではなく、「本で自分の主張を世の中に受け入れさせるためには非常に参考になる」ということである。

みなさんも、どうもこの文章に何かが足りないと感じた際には「説教」「自慢」「繰り返し」のスパイスをくわえてみてもいいかもしれない。

☑「キーワード」と「略語」と「引用」……本田直之型

レバレッジシリーズで有名な本田直之氏の文章の特徴は「キーワード」と「略語」と「引用」にある。

「『労力』『時間』『知識』『人脈』にレバレッジ（てこの原理）をかけ、〝Doing more with less〟（少ない労力と時間で大きな成果を獲得する。以下「DMWL」と記しま

す）を実現するというものです」（『レバレッジ・シンキング』東洋経済新報社）

例文を見てほしい。レバレッジとは、タイトルにもなっているキーワードであるが、他にも「DMWL」や「KSF」（こちらはキーサクセスファクターの略）など、横文字の略語が多いのが特徴である。

では、例文を冷静になって和訳してほしい。

「労力」「時間」「知識」「人脈」にてこをかけ、少ない労力と時間で大きな成果を獲得しましょう！

となり、これが驚くほど、たいしたことは言っていない。にもかかわらず、右の例文だと、なんか凄く頭良さそうで格好いいではないか！　**これがレバレッジ調の魔力**である。

ごくごく普通の文章でもKSFにキーワードや横文字の略語のレバレッジをちりばめることによりDMWLで超カッコいい文章になる、と覚えておこう。

また、本田直之氏の本には、やたらと引用が多いのも特徴なのだが、これも普段から「レバレッジメモ」といって、本を読んでいて気に入ったフレーズがあるとパソコンに入力して、いつでも引用できるようにしているらしい。**こういったところにもDMWL精神が根付いている、**と言えるのかもしれない。

☑１ＨＡＣＫを「約６００字」で解説……小山＆原尻型

小山龍介氏と原尻淳一氏の「ＨＡＣＫＳ！」シリーズは私も大好きで、すぐに役立つ仕事のテクニックをロジカルに解説してくれているので大変、重宝するシリーズである。

ところで、このＨａｃｋｓ！シリーズにも「ヒットする文体」が隠されているのである。

それは「枕＋解説」パターンである。

次の例文を見てほしい。

「結論が見えない堂々巡りの議論。煮つまった会議の中で、ぼーっとしてしまったこと、ありますよね？ でも、休憩を入れて、部屋の空気を入れ替え、チョコレートでも食べて一息つくと、急にアイデアが出てくることがあります。こういうときつくづく、『考えるって生理現象だなあ』と思い知らされます」（『ＩＤＥＡ ＨＡＣＫＳ！』東洋経済新報社）

続いて次の文も。

「では、アイデアの生まれる理想の環境というのは、どういう環境なのでしょうか？ 昔の人

はこれを『三上』と表現しています。三上とは、馬上、厠上、枕の上（後略）」

どうだろう。前の文に比べて難しい表現に感じないだろうか？

こちらはアイデアが生まれやすい環境について、中国の欧揚修氏が書いた文章を引いている（『思考の整理学』外山滋比古）のだが、ここだけ読むと硬く感じるので、「枕」として日常生活の一コマの描写を置いてクッションにしているのだ。

ここに工夫があるのである。つまり、前にこの「ＨＡＣＫＳ！」シリーズは89個のＨＡＣＫＳ！が紹介されていると書いたが（『整理ＨＡＣＫＳ！』のみ89個＋１個）、すべて「枕＋ＨＡＣＫＳ！」パターンになっており、なおかつ１つ１つのＨＡＣＫＳ！の説明は６００～８００字くらいになっている。

小山氏と原尻氏のことだから、この字数も飽きずに読める分量（たとえば電車一駅分で読める分量など）を計算して書いたと思うのだが、いずれにせよ「ＨＡＣＫＳ！」シリーズが内容が濃いにもかかわらずロジカルで読みやすい印象があるのには、こういう秘密があるのである。

実はこの「枕＋解説」のテクニックは拙著『「法則」のトリセツ』（徳間書店）でも使用されている。なにしろこの本は「心理学」「経済学」「脳科学」「ビジネス」など、ありとあらゆる「法則」を１６８個も紹介しているため、そのまま書くと、まるで専門書のようになってしまうのだ。

次の例文を見てほしい。

「不思議なことに、誰もが新卒で入社してから何年かは、口を開けば上司の悪口が出てくるが、30代も半ばになり部下を持つようになると、今度は部下への愚痴が口をつくようになる。あるいは、ここまで人に厳しくなれるのかと目を疑うような鬼上司が存在するのはなぜだろうか？

実は、人は与えられた役割を忠実すぎるほど演じる傾向があるのだ。これを心理学の用語で『役割演技』というが、職場における上司・部下という関係も一種の『役割演技』の法則が働いていると見なすことができる」（『「法則」のトリセツ』）

この文章は4行目までが「枕」になっており、5行目からが解説である。試しに5行目から読むと、途端に専門書のような硬い調子になってしまう。なので、この本では「枕」＋「解説」＋「オチ」というパターンで、読みやすく工夫しているのだ。

中小企業向けコンサルタント型（フォレスト文体）

「中小企業向けコンサルタント型　フォレスト文体」とは何か。ダイレクトマーケティングの手法を巧みに用いて、世の経営者らの心を鷲掴《わしづか》みにした文体である。

「それでは、これはどんな本なのか？　ズバリ、成功原則が嫌いな人が成功するための実用書である。凡人が、一戸建ての家を建て、スポーツカーに乗るまでの、最短距離である。ナマケモノが、最短距離で這い上がるための、世界一簡単な方法である。

同じ毎日に息が詰まりそうなサラリーマンが独立し、非常識に豊かで、自由になるための本である」

こちらは神田昌典氏の名作『非常識な成功法則』（フォレスト出版）よりの抜粋である。この頃の神田氏及びフォレスト出版の一連の書籍『社長のベンツはなぜ4ドアなのか』『小さな会社　儲けのルール』『あなたの会社が90日で儲かる！』などの特徴は「中小企業向けコンサルタント型」とでもいうべき、独特の文体である。

もうストレートに「**社長、儲けて家建ててベンツ乗って愛人作りましょう！**」（そこまでは書いてないが）という、物わかりのよいコンサルトの口調そっくりなのである。間違っても大企業向けのコンサルタントではなく、中小企業向けコンサルタントというのがポイントである。

この本には、他にも、

「通帳記帳した時のジージーする音が好き」とか「キャッシュで土地を買って、家を建てた」

など、身も蓋《ふた》もない表現が連発されるのだが、ぜひ参考にしてほしい。

どうしてそんなに怒っているの？……古市幸雄型

「まえがき」のパターン分類でも登場した古市幸雄氏であるが、またもや「説教パターン」の文例で登場してもらおう。

「どうしたら勉強するように自分にモチベーションを与えられるのか？　つまり、どのように勉強の動機づけを見つけたらいいかわからない人もいるでしょう。はっきり申し上げて、なかなか動機づけられない人は、あまり勉強をしたくないのですよ！　ですから勉強しなくていいです！　書き間違いではありません。勉強する気がない人、または、する覚悟がない人は、しなくていいです。もう義務教育は終わったでしょうし」

もう本当に凄いとしかいいようがない。**なぜ、この人はここまで怒っているのか、不思議に思うほどだ。**

まず4行目で「ですから勉強しなくていいです！」と叱りつけたあげくに、最後は「もう義務教育は終わったでしょうし」と突き放してさえいる。なぜ、金を払って本を買って、ここまで怒られなければいけないのか、重ね重ね理不尽というしかないが、この本は「説教」一発で**30万部売れている**。ぜひ、参考にしてほしい。

「そうじ力」に見る予告三振型

繰り返しになるが、予告三振型とは「この本を読んで〜〜すればあなたは〜〜なれます」というパターンである。

こちらも「まえがき」で登場したが予告三振型の例として『夢をかなえる「そうじ力」』（舛田光洋）を挙げておこう。

「なぜ、プラス思考は失敗するのか!?　どんなに強力なプラス思考を、どれだけ打ち込んでも、心の憶測にそれを打ち消すマイナスエネルギーがあるのです。あなたの部屋は、あなたの心の反映です。『カビ、ゴミ、汚れ、不要物、乱雑さ』は、あなたの心の中にあるマイナスエネルギーのあらわれなのです。つまり、そうじをすれば、思い通りのあなたになれるのです」

この文は、つまり、そうじをすれば、思い通りのあなたになれるのです、というのがポイントなのだが、その説得材料として「カビ、ゴミ、汚れ、不要物、乱雑さ」などと書いてあり、ここだけ見ると、ちょっと主婦向けの本みたいで面白い。

とにかく予告三振型の特徴でもあるのだが、この本では徹頭徹尾、トイレそうじの力を称讃し続けており、「世の中にゴミひとつない空間があるのはごぞんじでしょうか？　それはディズニーランドです」とか「世界中の大富豪に共通することは、自宅のトイレが綺麗なことです」など、かなり面白い本である。

ただし、繰り返しになるが、**私自身は「トイレそうじの力」は「ある」**と思っている方だ。

☑「〜〜って感じだったら」……和田裕美型

以前、私は『成功本50冊「勝ち抜け」案内』で、「和田裕美」「経沢香保子」「渋井真帆」の3名を「ダイヤモンド社が誇る3大ビジュアル系著者」と書かせてもらったが、四角四面というかおっさんとじいさん揃《ぞろ》いのビジネス書著者の世界にあり、女性著者が増えるのは華やかになり、いいことだと思う。

さて、人気女性ビジネス書著者の筆頭格である和田裕美氏の文章も非常にキャラが立っている。ちょっと紹介しておこう。

和田裕美氏の特徴は「〜〜って感じだったら」と「あだ名をつける」である。

私「そう、事務所に入ってきた人が、いきなり小難しい顔をしたダサいおっさんだったら、相手もがっくりしちゃうもん。だったら、『どうも〜、にこにこ』って感じだったら、『あれっ？なんか面白そうなのが来たぞ』なんて思ってもらえる。そこで言うの、『お電話で話したケムンパスおやじです』ってね」
山口「えーっ……そんなぁ……恥ずかしいなぁ」
私「ねぇ、お願い。売りたいならやってみて。私も真剣勝負だから、自分のためになると思って私を信じてほしいの」

どうだろう。これは和田氏が営業が苦手な人に「キャラで売るメソッド」というコンサルティングをしているシーンなのであるがぜひ「3回声に出して読んでみてほしい」。きっとあなたの中で何かが変わる（？）はずだ。いや、私は決して和田氏をけなしているわけではない。そうとられそうで怖いのだが、私がいいたいのは、女性でビジネス書を書こうと思っている人でロジカルな文章を書くのが苦手な人は、ぜひ**キャラ全開の和田氏の文体を真似てみてはどうか**、といいたいのである。

実際に和田氏の本は売れている。ということは、こういう書き方が好きな読者（特に女性だろうが）も多いという証左である。確かに文章自体は「これがビジネス書か⁉」と驚いてしまうかもしれない。しかし、伊達に「世界ナンバー2セールスウーマン」を名乗っているわけではない。和田氏の本は私がこれまで読んだ営業の本の中でも、なぜか役に立つ本であるのは間違いない。

☑すごいレトリック……川島和正型

『働かないで5160万円を稼ぐ方法』(三笠書房)という世の中をナメきったかのようなタイトルで世間に衝撃を与えた川島和正氏が放った第2作が『楽して成功できる非常識な勉強法』(アスコム)である。

文例は、インターネットの情報商材の販売で年収1億円になりベストセラー作家でもあるという川島氏が過去を回想しているシーンである。

「私の実家は、部屋がひとつしかなく、家族4人いつも同じ部屋で過ごしていました。また、お風呂とトイレもくっついていたので、朝から晩まで常に窮屈な生活でした。部屋が狭くても、食べて寝るだけの生活なら大丈夫なのですが、学校の宿題をしたりテストの対策をしたりするにはかなり厳しい環境でした。

それでは、遺伝子が優れていたから、成功できたのではないかと考える人もいるかもしれません。しかし、遺伝子についても、よいとはいえないエピソードがたくさんあります」

つまり、凄く貧乏で遺伝子的にも劣っている（？）自分でも「楽して成功できる非常識な勉強法」で今は大成功しているので、みなさん読んでください、ということである。

まさに情報商材のセールスレターのようなレトリックであるが、その「楽して成功できる非常識な勉強法」がどんなものであるかは、みなさんがご自身の目で確かめてほしい。ちなみにこの本はもともとインターネットで3万円で販売されていた情報商材が元ネタになっているそうだ。

ボケとツッコミ……夢をかなえるゾウ型

180万部突破のミリオンセラー『夢をかなえるゾウ』も検証してみよう。

特徴は、ガネーシャの関西弁と、お笑いでいうボケ（ガネーシャ）とツッコミ（僕）で会話が進行していく点である。

「な、なんでそんなこと言い切れるんですか？」
「そんなもん、自分が『成功せえへんための一番重要な要素』満たしとるからやろがい」
「何ですか？　成功しないための一番重要な要素って何なんですか？」

「成功しないための一番重要な要素はな、『人の言うことを聞かない』や。そんなもん、当たり前やろ。成功するような自分に変わりたいと思とって、でも今までずっと変われへんかったっちゅうことは、それはつまり、『自分の考え方にしがみついとる』ちゅうことやんか」

まぁ、読めばわかる、という感じであるが、こうした物語風のビジネス書（自己啓発書か？）を書こうという方は色々な作品に当たったほうがいいだろう。

ただし『夢をかなえるゾウ』が売れたからといってタイトルに無理やり「動物の名前がついた本」を出そうとするのは、出版界にありがちな現象ではあるが、志が低すぎるのでやめたほうがいいと思う。

☑異常に長い賛辞のクレジット……石井裕之型

石井裕之氏の本の冒頭か「あとがき」に必ず登場するのが、右のような名前の羅列である。

最後になりますが、つつじさん　荒井伸作さん　若だんなat新宿さん　中経出版書籍編集部竹村俊介さん　傳智之さん　すみだひろみさん　きょうこころのクリニック姜昌勲さん　小石耕之さん　石井隼平さん　上田渉さん　竹之内隆さん　天音らんさん　伊藤じんせいさん　松

本秀幸さん　田中正人さん　田口智隆さん　竹内慎也さん。
……以上の人たちのおかげで本書を書くことができました。いつも元気づけられる素晴らしい仲間たちです。ありがとう。　石井裕之」

まあ、これだけ多くの人が支持していますよ、という効果を狙っているのだろうが、賛辞のクレジットが異常に長いのが特徴である。

ある本では、冒頭からこの名前の羅列が1ページほど続き、それを見た大手出版社の編集長が「こんな本の作り方があるのか？」と仰天したというエピソードが残っているほどである。

まあ、マネするかどうかは、あなた次第である。

☑ビジネス書の新たな流れ

M-1グランプリで優勝した芸人が次々と大ブレイクし、「エンタの神様」や「レッドカーペット」といったお笑い番組が高視聴率を上げる現在は第五次お笑いブームと言われているらしい。

第五次ブームというくらいだから第一次、第二次なども過去にあったのだが、**こうしたブームの特徴は同時期にキャラの立ったタレントが現れて大活躍することにある。**これは何もお笑い芸人に限らず、中田英寿を筆頭に小野伸二、高原直泰、稲本潤一、中村俊輔などが揃ってシドニー五輪に出場したサッカー日本代表のゴールデンエイジと呼ばれた世代など、なぜかそのシーンにキャラの立った人物が集結することがある。

そうしてみると現在のビジネス書著者たちも、大御所の神田昌典氏以降の1960年代から70年代生まれの約10年にベストセラー作家が名を連ねているのである。

たとえば勝間和代氏や本田直弘氏、和田裕美氏に茂木健一郎氏、苫米地英人氏に古市幸雄氏やちょっと若めでHacks！シリーズの小山龍介氏に原尻淳一氏、マネー系では内藤忍氏など、多士済々である。また私と同じ年代だけでも『出逢いの大学』（東洋経済新報社）の千葉智之氏や『考具』（阪急コミュニケーションズ）の加藤昌治氏などもいる。

☑キャラ立ち

プロフィールのUSPに関しては第三章でも書いたが、キャラ立ちとは、**著者自身及びプロフィールのキャラを立たせる**ことである。

具体的には、オリジナルの肩書きをつけたり、過去の経歴から「元世界ナンバーワン」とかワークライフバランスの伝道師など、マスコミ受けするキャラを立てるのである。

そのためにはまずプロフィールから作りこむ必要がある。プロフィールといえば、名前、生年月日、出身地、学歴、職歴などで構成されるものだが、あなたがすでに有名であったり、ベストセラーを出していれば、それを書けばキャラ立ちは事足りる。

しかし、一冊目を出そうとしている無名著者だったりすると、受験歴か資格取得か職歴か、売りになる部分を記載し、場合によってはキャラ立ち上、都合の悪い部分を取ってしまう作業になる。

こう書くとなんだか馬鹿らしい気もするが、**「プロフィール作成」のためのセミナーやコンサルティングが存在する**ほどで、今やブランディングのためのキャラ立ちは必要不可欠なのだ。

つまり、ヒットの公式的にいうと、

ベストセラーの条件

1　ゴールセッティング
2　タイトルとまえがき
3　章立てと構成
4　ベストセラーの文章術
5　キャラ立ち
6　セールスプロモーション

のうち2～4が本の執筆に関することで、1と5と6は本や自分自身を売り込むための戦略なのである。

ちなみに私自身は現在、顔出しもマスコミ取材もほぼNGで、プロフィール対策などキャラ立ちもさせないスタンスである。

まぁ、タレントやミュージシャンでいうとTVはNGでCDのリリースとライブだけ、という昔の「ZARD」みたいなスタンスとでも考えていただければ結構である。

これが**ゴールセッティングをパターン1にして、キャラ立ちに力を入れてセールスプロモーションもすれば、本の内容さえよければ、すぐに取材が殺到して有名人になれるだろう。**

そういったコースがお望みの方は、ぜひこの本を参考にしてほしい。

03 セールスプロモーション

セールスプロモーションとは本を売るための販促活動であるが、**本を出して、雑誌の取材を受け、TVに出演し、文化人になる**、というコースが典型的だ。

そうでなくても**本を出したらTVや雑誌で取り上げてもらって、インタビューくらいは受けたい**と考えている人もいるだろう。

実はゴールセッティング・パターン1の人向けに、雑誌の取材からTV出演というコースの傾向と対策みたいなものも完成しているのだが、それは本のおまけとして別で用意させていただく。ここでは、主にブログの書評や書店さん回りについて書いてみたい。

☑どうやったら書評が載るの？

・書評

パブリシティには、新聞広告、TVや雑誌の取材、WEBの広告、電車の広告などがあるが、広告は金がかかるが書評されるのにお金が発生することはないので、低コストなプロモーションとなる。
細かく言えば、本の定価分が損するとも言えるが、書評されることで認知が広まったり、多小なりとも販売力のあるサイトを狙って送るとよい。
どこに送るのか？　が問題であるが、本書276ページのブロガーマトリックス（http://d.hatena.ne.jp/toshii2008/20081231）を見てほしい。

なぜ、膨大なネットの中から代表的な書評ブログをセレクトし、マッピングできたかというと、実はこのマトリックスに載っているほとんどすべてのサイトやメルマガが私の本を書評してくれたことがあったからである。なにしろ最初の『成功本50冊「勝ち抜け」案内』で150サイト、次の『成功本51冊もっと「勝ち抜け」案内』でも150サイト、そのまた次の『お金持ちになるマネー本厳選50冊』も含め1年で計400サイトほど掲載された経験を持っている。
そのため、セミナーでも「なんでそんなに書評されるんですか？　どうやったら書評してもらえるか教えてください」という質問も多かった。

ここではその秘訣を公開することにする。

すでに著作をお持ちのみなさん、各社編集部の方々、そしてこれからビジネス書を出版しようという著者予備軍まで必見の内容である。
と期待させておいて申し訳ないが、**実は書評対策として特別な方法は何もない。**強いていうなら、当たり前のことを地道にやり続けた結果、書評されるかもしれないし、されないかもしれない、という程度のことしかいえないのである。

一応、手順としては、

1　献本依頼のメールで送り先を聞く
2　送り先のリストを作り、発売日到着目安で一斉配送

となるので、締め切りが終わった直後くらいに、準備を開始しないと書評は間に合わない、というのが最大のポイントかもしれない。

では、その献本の際の心構えを説明しよう。

・心構え1　書評は急には書いてもらえない！

たまに「今日からａｍａｚｏｎキャンペーンなんです。書評してください」というメールが来ることがあるが絶対にやめたほうがいい。

・心構え2　サイトをよく読んでからメールしよう！

献本禁止と書いてあるブログに献本しない。失礼だし、嫌われたりする。せめて献本先のブログはよく読んでから連絡しよう。

・心構え3　取り上げられやすいのは新刊・話題本・感動本・売れそうな本と○○○○の本

自分でも書評ブログをやられている方はわかると思うが、アフィリエイトの関係で、売れそうな本、つまり新刊・話題本・感動本が取りあげられる傾向がある。だから、発売直後に到着するようにしないと時期を外してしまい、掲載の確率が悪くなる。

また○○○○の本とは何であろうか？　答えは「知り合い」の本である。

・心構え4　書評のお礼はコメントかTBかメールで

黙っていても気持ちは伝わらない。書評を書いてもらって嬉しかったらトラックバックするかコメントを残すか、直接メールするかしてみよう。

・心構え5　書評は運否天賦《うんぷてんぷ》。過剰な期待は禁物

書評は趣味でやっている人がほとんどである。つまり、書評を書くのも書かないのも運営者の自由なのだ。だから過剰な期待はせず、載ったらラッキーくらいに思っておいたほうがいい。

そうでないと、いつ書評が載るか気になって眠れない、なんてことになりかねない。

☑アマゾンの1位は本当に売れている？

ａｍａｚｏｎの総合1位になるには1日で４００冊から６００冊程度売れる必要があるようだ。私の知人にもａｍａｚｏｎキャンペーンで1位になった人が何名もいるが、先日、『ユダヤ式学習法』（大和出版）という本を出したセミナー参加者の坂本七郎さんも1位を取った。

失礼ながら有名ともいえず第一作で1位を取るのは並大抵ではないと思う。

その坂本さんの場合、

「多くのメディアで集中して一斉告知してもらえるとランキングに大きな影響があると思います。

私がアマゾン総合1位を獲得した時のデータですが、今回は、私のメルマガ経由では告知後3日間で約５００冊が売れました。出版社の話では、アマゾンの在庫６００冊が発売2日で完売したそうです。

私の販売していたタイミングでは、総合1位はそのくらいの数が必要だったようです」

ということだった。

ポイントとしては自分で媒体を持っていると有利だが、発売直後の数日にブログやメルマガで一斉に告知されると、順位が上がりやすいと言えるだろう。

☑書店回り

ビジネス書の著者には、積極的に書店回りをする人がたまにいる。書店に挨拶に行って、自著をいいところに置いてもらおう、という狙いがあるのだが、書店員の人は忙しいこともあり、著者による書店回りはＮＧ！　というのが定説になっている。

ではどうするか？　次の５つのパターンがある。

①　反射

本がない場合、店員に『「ビジネス書」のトリセツ』ってありますか？　などと問い合わせだけして帰るケースを「反射」という。

②　擬態

本が置いてあった場合の選択肢の１つとして、客のフリをして『「ビジネス書」のトリセツ』

ありますか？　などと店員に聞き、案内してもらい、その場で初めて「実はこの本書いたの僕なんですよ」と正体を明かす。つまり客のフリをする（擬態）のである。

③　**買い上げ**

②同様、客のフリをするのであるが、平積みなど良い展開をしてあった場合、「ここで10冊買うからまた注文してくださいよ〜」などといいながら、その場にある本を買い上げてしまう荒業である。札束で横っ面をひっぱたくような豪快さがポイントだ。

④　**ホワイトナイト**

かつて、時間外取引でニッポン放送株を買い上げ、小が大を飲み込む買収劇をしかけたライブドアに対して、「清冽《せいれつ》な株式市場を汚す行為だ！」と待ったをかけたのが、ＳＢＩの北尾さんであった。

これを投資の世界の用語でホワイトナイト（白馬の騎士の参上）と呼ぶのだが、書店回りにおける「ホワイトナイト」とは言うまでもなく、版元の営業部員のことに他ならない。一緒に回ってもらえれば勇気百倍、一騎当千の頼もしき助っ人である。

⑤　**訪問ではなく　↓　〇〇〇する**

稀に一緒に回ってもらえない。それどころか、単独での書店回りすらやめてくれ、などと言われることもある。こうしたケースではＦＡＸによる営業という手もある（ただし、必ず編集部に確認すること）。

04 ビジネス書ベストセラー作家の心構え

もっとも大事なこと

これまでさまざまなベストセラーのテクニックを披露してきたが、最後に、もっとも大事なことのひとつである、「心構え」について述べたい。

◎その1　ビジネス書のベストセラーはディズニーランドと一緒である。
◎その2　編集者との出会いは恋愛と一緒　婚活ならぬ本活せよ！
◎その3　先にアウトプットする。

私のセミナーでは冒頭に、「あなた達は成功の竜巻に巻き込まれている」というメッセージと、このベストセラー作家心構えの話からスタートする。

なぜなら、この心構えこそがもっとも大事であり、どんなにテクニックを磨いても心構えなくしては絵に描いた餅《もち》に終わってしまいかねないからだ。
それではそれぞれ説明するので、耳の穴をかっぽじって聞いてほしい。

☑その1　ビジネス書のベストセラーはディズニーランドと一緒である。

本を書くのは、読者をデートに誘うのと一緒である。

本を書く＝デートとなれば、多くの読者の心を掴むベストセラーはレインボーブリッジやディズニーランドのような最高のデートコースということになる。

つまり、本を書くのは読者に対するおもてなしでありベストセラーを書く著者はエンターテイナーであるべきなのだ。

実際にベストセラー著者というのは、みなキャラが立っている。さしずめ**勝間和代スプラッシュマウンテン**とか**本田ホーンテッドマウンテン直之**といった感じである。

なにしろ読者にとってみれば同じ1500円を払うのなら、ビジネス書を買うのも、**ディズニーランドへ行くのも映画を見るのにでも1500円に求める満足度は同じ**なのである。

だから**読者を夢と魔法の王国へ誘う**ような気持ちで、まず自分自身が読んで面白いと思うような本を書いてほしい。ビジネス書だからと言って、自分で読んでもつまらないような文章を書いてはいけないのだ。

だいたい、ビジネス書だからといってマジメに肩肘張ってパソコンの前でうんうん唸っているようでは、とてもスラスラ書けない。

まさに歌でも歌いながら書いてもいいし、ピアノでも弾くような調子で原稿を書いてみよう！　なんならディズニーランドホテルに一週間くらい泊まって書いてみてもいいかもしれない。

☑その２　編集者との出会いは恋愛と一緒。婚活ならぬ本活せよ！

本を出そうと思っている人間にとって、編集者との出逢いは男女の恋愛と非常に似た構図となっている。

男女の出逢いであれば、「**出会って→つきあって→結婚する**」という段階を経ることになるが、実はこれはビジネス書を出版しようという人間と編集者の関係にも当てはまるのだ。

つまり、「**出会って（知り合って）→つきあって（打ち合わせや食事など）→結婚する（本を出す）**」という流れになる。

婚活において大事なことは、自分自身の中での結婚についての心構えと出会いの機会であろう。

「本活」においても、自分自身の心構えや準備も大事だし、出会いの機会も重要である。

たとえば男女の出会いにはナンパ、合コン、紹介、偶然などがあるが、これを編集者との出会いに当てはめてみよう。

・ナンパ……ナンパとは東京で言えば、渋谷109前、大阪では道頓堀の通称〝ひっかけ橋〟など人通りの多い場所で片っ端から女性に声をかけまくる行為を指す。

これを**出版にあてはめると、企画書を作って、片っ端から出版社に売り込みをかけるパターン**である。

売り込みの方法としては、直接アポを取って訪問する、企画書を郵送もしくはファックスするなどが考えられるが、企画が通るまで何十社、何百社と声をかけまくるのである。

これは男女の出会いでいえば、まさにナンパである。

私も昔やったことがあるが、片っ端から声をかけまくっていれば、いつかは話くらい聞いてもいいという女の子があらわれ、なかにはお茶や食事くらいつきあってもいい、なんて人も現れるものである。

企画が通るまで何十社でも営業をかけ続けられる根性（もしくは時間とお金の余裕）があれば、1つの方法であるが、効率が良いとはいえない点が弱点である。

ただし、あの有名なベストセラーが生まれたのもこのナンパパターンであることをご存知であろうか？　あの『夢をかなえるゾウ』の水野敬也氏が最初の本を書いたものこのナンパパターンがきっかけだったそうだ。
その企画を発掘した編集者である川辺秀美さんとは私もお話ししたことがあるが、現在は「夢ゾウの著者を発掘した編集者」として一部で有名になっているほどで、こうした伝説がある限り、編集者も持ち込み企画や原稿を完全には無視しにくい心理もあると思われる。

また先日、大阪でセミナーを開催した際には、参加者の中に数名、すでに本を出している、もしくは引き受け先が決まり今書いていますという人がいたが、「本を出すことになったきっかけ」を聞くと、「数十社にアプローチしました」というナンパパターンの方が何名かいて非常に驚かされたものである。

普段、私は東京にいるので、次に説明する合コンや紹介、あるいは偶然というパターンの方が馴染み深いのであるが、地方都市だとそのような機会は生じにくいのかもしれない。
しかし、**全国どこにいても出版のチャンスがゼロではない**のも事実なのだ。

・合コン……合コンとは　男女がほぼ同数集まって行われる飲み会のことであり、出会いの目的をカモフラージュするために「お食事会」などと呼ばれることもある。
これを編集者との出会いにあてはめると、数人で食事や飲みに行った際に編集者がいた、などというケースである。

大抵の場合は、まず本を出したことがある人、出版関係者やそれに近い人が集まる場所（勉強会や交流会、何かの記念パーティーなど）に出向くか、そういう人たちの集まる飲み会などに潜り込んで出会いの機会を得る、というパターンになる。

・**紹介**……これは友達の女友達を紹介してもらうみたいなパターンで、もう**直接、編集者を紹介してもらう**ということになる。合コンと違うのは、紹介してもらう際に事前に知人から推薦の言葉やプレッシャーが得られるケースが多く、多少有利な状況になるということになるだろう。

・**偶然**……昔の恋愛マンガなんかでは、主人公が駅の改札で定期入れを拾ってその持ち主と恋に落ちる、なんてパターンが多かったが、みなさんもたまたま駅で財布を拾って届け出たらその持ち主が某社の編集者でお礼に食事でも、というパターンから本が出る、なんてことも可能性からするとゼロではない。

大体、私自身も最初の本で書いたが、**出版のきっかけは雀荘でのある人物との出会い**であった。そして紆余曲折があり、その方の知り合いである某大手出版社の編集長に頼まれて本を書くことになったのだ。

それが『成功本50冊「勝ち抜け」案内』（光文社）という本になるのだが、最初の1週間で

1万5000部も売れるヒットとなり、本を書かないかというオファーが5作も届き、今に到っているのである。

その前はIPOを目指してベンチャー企業の経営をしていて負債3億を抱える事態になっていたのだから、まさに人生、上り坂・下り坂・まさかの連続である。自宅の近くにはラクーアがあり、よく向かいの建物からジェットコースターを眺めるのだが、ジェットコースターはたまに乗るからスリルを楽しめるのであり、日常生活がスリル満点になってしまうとシャレにならないものだとたまに回想してしまう。

まあ、そんな話はどうでもいいのだが、編集者との出会いは恋愛と同じである、という言葉のもう一つの意味である。

それは、**会社の大小やブランドではなく、相手の人間性や自分との相性を重視せよ**、ということだ。

たとえば恋愛でも、大企業に勤めているから、安定している、年収がいいから、などと肩書き・条件・ブランドだけで結婚相手を選んでも、このご時勢、その人が将来リストラされたり、会社が倒産してしまう可能性だってゼロではない。

そうすると、相手の人間性や自分との相性も加味して考えないと後で後悔ばかりが残る結果にすらなりかねない。

同じように**編集者の所属する会社の大小ばかり気にしていると、とんでもない大失敗になり**

かねない、ということを言いたいのだ。

別に大手がダメだと言っているわけではない。しかし、大手ほど毎月の発行点数が多く、無名著者には広告費をかけてくれないかもしれないし、大企業病に罹患したようなやる気のない編集者と知り合ってしまうと、心身ともに疲弊する危険性が高い、ということをお伝えしているのだ。

編集者という職業ほど会社の大小よりも、個人の力量が上回ってしまう職業もごく珍しいと私は思う。

もちろん大手であれば優秀な人材である確率は高いかもしれない（多分）。しかし、私はまだお仕事をしたことがない人でも会社の枠を超えて「あの人は凄い」といわれる編集者もいるし、会社は小さくてもその人が手がけた本だけはヒット率が高い、なんてケースも見聞きしている。

本を出したいという気持ちが強すぎると、目の前に編集者が現れるとポーッと舞い上がってしまい、しかも会社が大手（たとえば講談社、集英社、小学館など）だったりすると、それだけで舞い上がる人もいるだろう。

しかし、**本を出すのが目的ではなく、本を出して売るのが目的だと**考えを改めたほうがいい。出版の経験がない人は、本を出すことへの憧れが強すぎて、出版＝ゴールと考えがちである。**出版はゴールではなくスタートなのだ。**

せっかく出版しても現在は1日に700冊もの新刊が出るといわれている時代なので、書店の限られたスペースを考えると売れない本ほど長く売ってもらえなくて、返品され、やがて日の目を見ることもないまま、絶版という最悪のケースを招きかねない。

これを避けるには本を出すことだけを目的にするのではなく、**本を出して売ることを目標とするべきである。**つまり編集者と一緒に本を作るのではなく、本を作り一緒に売りましょう！というスタンスで最初からおつきあいするべきなのだ。

だから恋愛と同じだと私は言っているのだ。

つまり、言葉は悪いが、つきあえればいい、という動機ではなく、つきあった先の展開まで考えておくべきだと言えるかもしれない。

なにしろあなたにとっては何より大事な1冊も、相手からすれば「毎月担当する1冊」に過ぎないかもしれず、そうすると数カ月もすると、次に担当している本で頭がいっぱいで……なんてことにもなりかねない。

当然、本を作っている時も出版された後も、良いおつきあいが続くような関係であるべきだ。

その3　先にアウトプットする

これはどういうことかというと、オファーがないから曲をかかないミュージシャンはいない！　のである。

たとえば、あなたの知り合いに自称ミュージシャンがいたとして、「**ａｖｅｘからオファーがこないから俺は曲をかかない**」なんて人がいたら、どう思うだろう。なんかおかしくないだろうか。普通は、先に曲をかき、ライブなどをしているところにａｖｅｘの人が現れて、「ウチでデビューしないか」なんて話になるのであり、オファーがくるまで曲をかかないなんてミュージシャンは多分、偽者であろう。

同じように、**出版したいなら先にアウトプットしましょう！**　ということがいいたいのだ。しかし、普通の人が、依頼もないのに、仕事の合間などに一冊書き下ろすというのも現実的には考えにくいかもしれない。

では、どうしたらいいかというと、**まずどんな本をかきたいかという企画書と「はじめに」くらいは先にアウトプットしてほしいのだ。**

たとえば編集者と知り合う機会を得たと考えてほしい。その時に、漠然と本を出したいんです、と言っているだけなのと、すでに企画書くらいはあるのとでは、おつきあいに発展する確率が格段に違うのである。

しかし、私自身も最近、企画書を拝見することも多いのだが、正直、企画書だけでは類書との違いがよくわからないことも多い。だから、先に本を書いてくれとはいわないが、せめて「はじめに」だけでも書き上げてほしい。**「企画書」に「はじめに」がついていれば、大体、ど**

んな本を書きたいのか明確になり、出版へつながる確率も飛躍的に高まるはずである。

最近のベストセラーの傾向として、まずつかみである「はじめに」にその本の大事な要素がすべてつめこまれていることが多い。

逆に言うと、面白い「はじめに」が書けていれば、その本は出版される確率も高く、出せば売れる可能性も高いということである。この「はじめに」のアウトプット方法については、第三章のパターン分析を見てほしい。

話が少しそれたが、つまり、本を出すためには恋愛と同様に、自分自身の準備と出会いの確率を増やす行動をするという2つの要素が同じように大事なのである。まさに婚活と同じで、出版するには自分自身の準備と編集者との出会いという**「婚活」ならぬ「本活」しましょう！**という話なのである。

ビジネス書を多読し、知識という栄養を自分に取り入れ、ビジネスに活かすことでビジネス筋力を鍛えることが、まず第一歩である。そしてどんどんビジネス筋力をアップしてマッチョになってくると、ボディビルダーのように人に見せたくなるのも人間の心理である。

つまり、小説をいっぱい読んでいるうちに小説を書きたくなる人が多いように、ビジネス書をいっぱい読んでいるといずれ自分でも書きたくなるのだ。

そうなった際に、思っているだけではなく先に書く＝先にアウトプットして、それと併行して引き受け先の出版社を探す「本活」をするのだ。

◎その１　ビジネス書のベストセラーはディズニーランドと一緒である。
◎その２　編集者との出逢いは恋愛と一緒　婚活ならぬ本活せよ！
◎その３　先にアウトプットする

を忘れず、頑張ってほしい。

PART 6

TPO別必読ビジネス書はこれだ！

ビジネス書は最高の娯楽である！
ビジネス書は実は最高の娯楽なのです
休憩時間はビジネス書タイム！
♪〜
本の中では過去の偉人から教えを受けたり、ビジネススキルを上げたり出来る上
過去の偉人から教えを受けれる
偉人
ビジネススキルの向上
どばばば
人生の中で、とっても大切な気づきを得たりも出来るのです
人生の中で、とっても大切なことに気がつく…
初めて気づいた…
ぜひ、これからもビジネスをどんどん活用して、人生をより有意義なものにして下さいね！
ビジネス書の世界を楽しもう！

01

成功を導く珠玉のビジネス書

厳選90冊からマトリックスまで一挙公開！

この章では、ビジネス書の最新テーマから、勉強や仕事の効率を上げ、成功を成し遂げ、幸福な人生を送るために読むべき書籍まで、９つのジャンルやＴＰＯごとに各10冊、合計90冊のビジネス書を厳選した。

いわばこれは、必読ビジネス書の「トリセツ」でもある。

また、ビジネス書の巻末には参考文献が添付されていることが多いが、ここでは、優れたビジネス書に記されている参考文献を集めてみた。

いわば、「参考文献の参考文献」ともいうべきもので、優れた知識や思想の「根源」を知ることができるだろう。

さらには、ビジネス書の過去から現在までの流れを記した系統図、各ビジネス書の立ち位置を示したビジネス書マトリックス、ビジネス書作家のつながりや類型がわかる人脈マトリックス、有力書評ブロガーを分類したブロガーマトリックス、日販・トーハンの過去5年ベストセラー・ランキングも掲載してある。

ビジネス書の潮流や、トレンド、人気ジャンルの変遷などが、よく理解できるだろう。

ビジネス書を楽しみ、学び、活用するための参考にしてほしい。

1 流行の脳本と行動経済学などの本

1 **唯脳論**
養老孟司／筑摩書房

2 **単純な脳、複雑な私**
池谷裕二／朝日出版社

3 **脳を刺激する習慣**
山元大輔／PHP研究所

4 **最新脳科学で読み解く脳のしくみ**
サンドラ・アーモット、サム・ワン／東洋経済新報社

5 **奇跡の脳**
ジル・ボルト・テイラー／新潮社

6 **経済は感情で動く**
マッテオ・モッテルリーニ／紀伊国屋書店

7 **予想どおり不合理**
ダン・アリエリー／早川書房

8 **ブラック・スワン**
ナシーム・ニコラス・タレブ／ダイヤモンド社

9 **論理サバイバル**
三浦俊彦／二見書房

10 **ビル・ゲイツの面接試験**
ウィリアム・パウンドストーン／青土社

1は「現代とは、要するに脳の時代である」と喝破した脳本ブームの源流。

2は気鋭の脳科学者、池谷裕二氏の母校での講演をもとにした講義録。

3は、脳の機能や仕組みを理解して仕事の効率や集中力、記憶力のアップを計ろうという「脳 hacks!」的な内容。

4は、2009年に優れた科学書に贈られる「AAAS 賞」を受賞している300ページにも及ぶ大著。さしずめ「脳のトリセツ」といった内容。

5は、世界的な脳科学者が脳卒中により、左脳の機能が損なわれてから回復するまでを描いたドキュメント。

6は、行動経済学ブームの火付け役。軽妙な語り口で難しいトピックスがすらすら読める。

7の著者は、ユニークが研究に送られる「イグ・ノーベル賞」を受賞している人物だけに、予想通りの知的興奮を与えてくれる。

8は「行動経済学」の本と言えるか微妙だが、行動経済学的な考え方を現実社会の中でどう活かせばいいのか、ヒントになる。

9と10も行動経済学の本ではないが、知性を限界まで鍛えることで、正しい判断を下せる可能性が高まると思うのでリストに入れた。

2 効率的に勉強するための本

1	**「超」勉強法** 野口悠紀雄／講談社	6	**勉強にハマる脳の作り方** 篠原菊紀／フォレスト出版
2	**数学は暗記だ!** 和田秀樹／ブックマン社	7	**頭がよくなる本** トニー・ブザン／東京図書
3	**夢をかなえる勉強法** 伊藤真／サンマーク出版	8	**アインシュタイン・ファクター** ウィン・ウェンガー、リチャード・ポー／きこ書房
4	**脳を活かす! 必勝の時間攻略法** 吉田たかよし／講談社	9	**コリンローズの加速学習法** コリン・ローズ／森真由美訳／PHP研究所
5	**ドラゴン桜** 三田紀房／講談社	10	**ホイホイ勉強法** 多湖輝／幻冬舎

1は、『「超」整理法』などで有名な著者による「勉強法」の勉強本。

2は、灘中、灘高から東大理Ⅲに現役合格した著者による元祖ドラゴン桜的受験必勝法。

3は、司法試験のカリスマ塾塾長による、なんのために勉強するのか、そして、なんのために生きるのかを考えさせてくれる名著。

4は、灘中、灘高から東大理Ⅲ、元アナウンサーで元衆議院議員秘書という異色の経歴を誇る著者の代表作。わかりやすい喩え話が魅力。

5はマンガではあるが、受験に関しては外せない一冊。

6は勉強に依存せよ!　と説く異色作だが、脳科学と臨床心理学に基づいており、あなどれない内容。

7は、マインドマップ創案者の自著。書店で注文してでも読んでほしい。

8と9は、海外の加速学習の古典で近年、再評価されている。

10も素晴らしい。

3 成功に役立つ本　初級編

1	**夢をかなえるゾウ** 水野敬也／飛鳥新社	6	**金持ち父さん貧乏父さん** ロバート・T・キヨサキ、シャロン・L・レクター／筑摩書房
2	**ユダヤ人大富豪の教え** 本田健／大和書房	7	**お金持ちになれる黄金の羽根の拾い方** 橘玲／幻冬舎
3	**成功学キャラ教授** 清涼院流水／講談社	8	**七つの習慣** スティーヴン・R・コヴィー、ジェームス・スキナー／キング・ベアー出版
4	**非常識な成功法則** 神田昌典／フォレスト出版	9	**一冊の手帳で夢は必ずかなう** 熊谷正寿／かんき出版
5	**「心のブレーキ」の外し方** 石井裕之／フォレスト出版	10	**成功本51冊もっと「勝ち抜け」案内** 光文社

1は累計180万部を突破したライト自己啓発ノベル。夢をかなえるには「感謝すること」「行動すること」が大事。

2は2003年の大ベストセラー自己啓発書。感動ストーリー。

3はミステリー作家による異色の「成功小説」。奇想天外な展開の中に絶対成功法則がちりばめられている隠れた名作。

4は、神田昌典氏のマスターピース。書き込み式になっており、自分が本当にやりたいことが見つかるはずだ。

5は、カリスマパーソナルモチベーター代表作。潜在意識の活用法を述べている。

6は、日米の多くの成功者に影響を与えた本。ファイナンシャルリテラシーの重要性を説いている。

7は、日本版『金持ち父さん、貧乏父さん』という評価も。クールにお金持ちになる方法を解説。

8は、全世界1000万部以上も売れている名作中の名作。

9は、GMO 社長が書いた成功手帳の元祖的存在の本。

10は拙著だが、スピリチュアルな成功法も研究して書いている。

4 成功に役立つ本　中級編

1	**自分の小さな「箱」から脱出する方法** アービンジャー・インスティチュート／大和書房	6	**フロー体験 喜びの現象学** M・チクセントミハイ／世界思想社
2	**さあ、才能(じぶん)に目覚めよう** マーカス・バッキンガム、ドナルド・O・クリフトン／日本経済新聞出版社	7	**プロフェッショナルの条件** P・F・ドラッカー／ダイヤモンド社
3	**影響力の武器** ロバート・B・チャルディーニ／誠信書房	8	**ビジョナリーピープル** ジェリー・ポラス、スチュワート・エメリー、マーク・トンプソン／英治出版
4	**洗脳原論** 苫米地英人／春秋社	9	**ザ・プロフィット** エイドリアン・J・スライウォツキー／ダイヤモンド社
5	**世界でひとつだけの幸せ** マーティン・セリグマン／アスペクト	10	**リクルート流** 大塚寿／PHP研究所

1は、人間関係に悩んでいる人におすすめ。

2のストレングスファインダーテストを行うと自分の5つの強みは発見できる。

3は、社会心理学の名著。専門書だが、ぜひ挑戦して欲しい。

4は、オウム信者のデプログラミングを手がけた著者による一冊。

5は、元アメリカ心理学協会会長のポジティブ心理学の解説書。「幸せ」について考えるには絶好の書だ。

6は、「幸せ」について考える際に、避けては通れない「フロー体験」について考察した大著。とにかく面白く示唆に富んだ本だ。

7は、ドラッカーの著書の中でも親しみやすい内容。「自己実現編」となっており、若い人におすすめしたい。

8は、現代の偉人とでもいうべき200人以上へのインタビューを基に構成された名著。

9は、事業の利益モデルを研究した一冊。小説仕立てで読みやすいが中身は濃い。

10は、営業について書かれた本。非常に役にたつ。

5 成功に役立つ本　上級編

1	**アツイコトバ** 杉村太郎／中経出版	6	**バシャール　スドウゲンキ** 須藤元気、ダリル・アンカ／ヴォイス
2	**夢をかなえるそうじ力** 舛田光洋／総合法令出版	7	**アウトロー経営者の履歴書** 山口智司／彩図社
3	**運命の波にのる魔法のクセ** はづき虹映／きこ書房	8	**借りたカネは返すな!** 加治将一、八木宏之／アスキーコミュニケーションズ
4	**鏡の法則** 野口嘉則／総合法令出版	9	**世界を変えるお金の使い方** 山本良一責任編集／ダイヤモンド社
5	**そ・わ・かの法則** 小林正観／サンマーク出版	10	**未来を変える80人** シルヴァン・ダニエル、マチュー・ルルー／日経BP社

1は、「科学を超えたところに絶対はある」「先進国の99%の人間は、本気になればできる」など言葉の麻薬みたいな本である。

2は、50万部突破のベストセラー。プラスを引き寄せるそうじ力を説いている。

3の著者は「こころ」や「スピリチュアル」のジャンルで人気の作家。非常に読みやすいがためになる。

4は100万部突破のベストセラー。「現実とはあなたの心を映し出したもの」だと説いている。

5の「そわか」とは、娑婆訶で「ことがなる」の意。本書では「掃除・笑い・感謝」こそが人間の行いの中で神が好むベスト3だとしている。

6は、元格闘家の須藤元気が、宇宙生命・バシャールと東京で対談した異色本。物質的な成功にばかり捉われている人に無理矢理読ませてみたい本だ。

7は、名経営者たちの知られざる素顔を丹念な取材で描き出した力作。

8は、世の中に金より大事なものはない、というのは真っ赤な嘘で、家族や命のほうが大事だと説いた本。

9は、1円から億単位まで、世界を良くするお金の使い方を詳解。

10は、世界中のソーシャルアントレプレナー(社会起業家)を紹介している。

6 成功に役立つ本　古典編

1	**人を動かす** デール・カーネギー／創元社	6	**地上最強の商人** オグ・マンディーノ／日本経営合理化協会出版局
2	**思考は現実化する** ナポレオン・ヒル／きこ書房	7	**〈新訳〉バビロンの賢者に学ぶ錬金術** ジョージ・サミュエル・クレーソン／かんき出版
3	**原因と結果の法則** ジェームズ・アレン／サンマーク出版	8	**君に成功を贈る** 中村天風／日本経営合理化協会出版局
4	**自助論** サミュエル・スマイルズ／三笠書房	9	**私の財産告白** 本多静六／実業之日本社
5	**マーフィー　無限の力をひき出す潜在意識活用法** ジョセフ・マーフィー／きこ書房	10	**成功の掟** マーク・フィッシャー／日本能率協会マネジメントセンター

1は、「相手が自発的に行動するばかりか、嫌われることもなく、むしろ感謝される」ような人の動かし方を説く不朽の名作。

2は、自己啓発書の原典とも言える大著。とにかく読むべし。

3は、ジェームズ・アレンの古典。

4も古くから日本でも人気の高いイギリスのサミュエル・スマイルズの自己啓発書。

5は、潜在意識の活用について書かれた古典。最近刊行された、きこ書房のバージョンが訳文も読みやすくおすすめ。

6は、定価が1万円もするのだが、人生を豊かにする10の法則が書かれている。

7は、長らくamazonでも高値をつけていたが、昨年、数社から再刊行された。古代バビロニアから金持ちになる方法は変わっていないことに驚かされる。

8は、松下幸之助など多くの大物が信奉したという日本を代表する哲人の講演録。

9は、日本版『金持ち父さん、貧乏父さん』といった感じ。

10は、自己啓発書の王道だが作品のクオリティが高い。

7 経営者の本

1	**検索は、するな。** 安田佳生／サンマーク出版	6	**かもめが翔んだ日** 江副浩正／朝日新聞社
2	**渋谷ではたらく社長の告白** 藤田晋／幻冬舎	7	**成功のコンセプト** 三木谷浩史／幻冬舎
3	**きみはなぜ働くか。** 渡邊美樹／日本経済新聞社	8	**スティーブ・ジョブズ神の交渉力** 竹内一正／経済界
4	**世界のどこにもない会社を創る** 飯田亮／草思社	9	**ドン底からの成功法則** 堀之内九一郎／サンマーク出版
5	**生き方** 稲森和夫／サンマーク出版	10	**社員をサーフィンに行かせよう** イヴォン・シュイナード／東洋経済新報社

1はワイキューブ社長によるエッセイ風の本。『千円札を拾うな。』の続編だが、こちらも面白い。

2はサイバーエージェント社長の自伝的な内容。他に『藤田晋の仕事学』という本もある。

3は、ワタミ社長によるありがたい内容の本。特におすすめしたい。

4は、セコムグループ創立者の自伝的な一冊。

5は、仏教や中国の古典と同じくらい「宇宙の法則」の話が出てくるのも特徴。

6は、リクルート創業者の自伝的な内容。リクルート事件など重い内容も含むが、不思議と爽やかな読後感がある名作中の名作だ。

7は、いまや普通の大企業へと成長した感がある楽天社長の本。校長の朝礼のようにつまらない内容だが、この徹底ぶりが三木谷氏の真骨頂かも。

8を読むとジョブズは経営者というよりスターなのかもしれないと思う。

9は、ホームレスから年商100億円規模の会社の経営者になった堀之内九一郎氏の奇蹟のV字回復から学ぶことは多いと思う。

10は、パタゴニア創業者の経営論。サスティナビリティについて考えよう。

8 独立したい人が読む本

1	**週末起業** 藤井孝一／ちくま新書	6	**会社の売り方、買い方、上場の仕方、教えます!** 竹内謙礼、青木寿幸／明日香出版社
2	**起業は楽しい!** 西川潔／日経BP社	7	**年商100億の社長が教える、丸投げチームの作り方** 山地章夫／クロスメディア・パブリッシング
3	**出逢いの大学** 千葉智之／東洋経済新報社	8	**成功者の告白** 神田昌典／講談社
4	**法人営業バイブル** 大塚寿、井坂智博／PHP研究所	9	**社長失格** 板倉雄一郎／日経BP社
5	**なぜ、ベンチャーは失敗しやすいのか?** 真田哲弥、東京大学起業サークルTNK／インデックス・コミュニケーションズ	10	**法則のトリセツ** 水野俊哉／徳間書店

1は、「会社を辞めずに週末起業しよう」と説いてベストセラーになった、少し前の本だが、内容は色あせていない。

2は、ビットバレーの中心的存在だったネットエイジ社長の本。読んでいると起業したくなるはずだ。

3は、「ちばとも」こと千葉智之さんの人脈本。独立前から独立後の人脈を開拓しておくのが正しい。

4は、法人営業について体系的に書かれた名著。営業畑ではない経営者は必読。

5は、事業計画書の添削本。この手の本は珍しいので必読である。真田哲弥氏の天才ぶりと破天荒さは『あのバカにやらせてみよう!』に詳しい。

6もなかなか教えてくれる人のいない「会社の売り方」を語る貴重な本。

7は、会社の仕組み作りの方法について非常にわかりやすく説明してある好著。

8は、神田昌典氏の手による未来予測型成功小説。

9は、ハイパーネット元社長が、会社が急成長して崩壊するまでをたんたんと記述した貴重な一冊。

10は、ビジネスや職場のさまざまな法則を解説している本。

9 投資・マネーの本

1 **大前流心理経済学** 大前研一／講談社	6 **10年先を読む長期投資** 澤上篤人／朝日新書
2 **内藤忍の資産設計塾** 内藤忍／自由国民社	7 **お金をふやす本当の常識** 山崎元／日本経済新聞社
3 **冒険投資家ジム・ロジャーズ 世界バイク紀行** ジム・ロジャーズ／日本経済新聞社	8 **ウォール街のランダムウォーカー** バートン・マルキール／日本経済新聞出版社
4 **臆病者のための株入門** 橘玲／文藝春秋	9 **LTCM伝説** ニコラス・ダンバー／東洋経済新報社
5 **投資信託にだまされるな** 竹川美奈子／ダイヤモンド社	10 **お金持ちになるマネー本厳選50冊** 水野俊哉／講談社

1は、日本経済復活のシナリオをロジカルな大前節で解説した必読中の必読本。

2は、アセットアロケーションしてリバランスする投資法を懇切丁寧に説いたビジネスパーソンの資産運用の教科書的な本。

3は、世界的な投資家の冒険旅行記だが、抜群に面白いうえにタメになる。

4は、橘玲氏が株式投資の本質についてクールに解説する。

5は、銀行など金融機関で売られている投資信託がいかに消費者にとって不利なものかを暴いた「ダマされるな本」。

6は、個人投資家からの評価の高い「さわかみファンド」の代表が、投資哲学を存分に語っている。ブレない長期投資はこんな時代にこそ真価を発揮する。

7は、金融機関がいかに個人投資家をカモにしているか、いちいち根拠を挙げながら、わかりやすく説明してしまった凄い本。

8は、日本の金融評論家の本の元ネタであり、なおかつ個人投資家にとっても必読の投資の名著。

9は、人類史上最高のドリームファンドがやがて天文学的な負債を抱えて破綻するまでを描いたデジャブ感たっぷりの本。

10は、拙著だが上記9冊すべての解説ものっているお薦め本である

☑優れた知性の源泉「参考文献の参考文献」

気にいった本の参考文献から次に読む本を探すのも一つの読書法である。ここでは『フォーカス・リーディング』と『ビジネス選書&読書術』の参考文献を掲載してみた。

◎『フォーカス・リーディング』（寺田昌嗣　PHP研究所）の参考文献

『本を読む本』M．J．アドラー／C．V．ドーレン　講談社学術文庫
『読書の方法』外山滋比古　講談社現代新書
『読書と社会科学』内田義彦　岩波新書
『読書術』加藤周一　岩波現代文庫
『読書について』ショウペンハウエル　岩波文庫
『知性について』ショウペンハウエル　岩波文庫
『ヘッセの読書術』ヘルマン・ヘッセ　草思社
『セネカ　現代人への手紙』中野孝次　岩波書店

『読書力』齋藤孝　岩波新書
『本の読み方　スロー・リーディングの実践』平野啓一郎　ＰＨＰ新書
『遅読のすすめ』山村修　新潮社
『ちょっと本気な千夜千冊虎の巻』松岡正剛・求龍堂
『カンタンスラスラ　べんり速読術』斉藤英治　日本実業出版社
『レバレッジ・リーディング』本田直之　東洋経済新報社
『上達の法則』岡本浩一　ＰＨＰ新書
『新インナーゲーム』ティモシー・ガルウェイ　日刊スポーツ出版社
『氣の呼吸法』藤平光一　幻冬舎
『疲れない体をつくる「和」の身体作法』安田登　祥伝社
『「成功曲線」を描こう。』石原明　大和書房
『眼はなにを見ているか』池田光男・平凡社自然叢書
『勉強法が変わる本』市川伸一　岩波ジュニア新書
『フォーカス・リーディング』

◎『ビジネス選書＆読書術』（藤井孝一　日本実業出版社）の参考文献

『ビジョナリーカンパニー（2）―飛躍の法則』ジェームズ・C・コリンズ　日経BP社
『ザ・プロフィット　利益はどのようにして生まれるのか』エイドリアン・スライウォツキー　ダイヤモンド社
『「原因」と「結果」の法則』ジェームズ・アレン　サンマーク出版
『はじめの一歩を踏み出そう―成功する人たちの起業術』マイケル・E．ガーバー　世界文化社
『人生を成功させるための「80対20」革命！』リチャード・コッチ　ダイヤモンド社
『エクセレント・カンパニー』トム・ピーターズ、ロバート・ウォータマン　英治出版
『コトラーのマーケティング思考法』フィリップ・コトラー、フェルナンド・トリアス・デ・ベス　東洋経済新報社
『マッキンゼー流図解の技術』ジーン・ゼラズニー　東洋経済新報社
『ヤバい経済学―悪ガキ教授が世の裏側を探検する』スティーヴン・D・レヴィット、スティーヴン・J・ダブナー　東洋経済新報社
『ロジカル・ライティング』照屋華子　東洋経済新報社
『ハイ・コンセプト「新しいこと」を考え出す人の時代』ダニエル・ピンク　三笠書房
『ビジョナリー・ピープル』ジェリー・ポラス、スチュワート・エメリー、マーク・トンプソ

ン　英治出版
『フォーカス！　利益を出しつづける会社にする究極の方法』アル・ライズ　海と月社
『何のために働くのか』北尾吉孝　致知出版社
『地頭力を鍛える　問題解決に活かす「フェルミ推定」』細谷功　東洋経済新報社
『コア・コンピタンス経営―未来への競争戦略』ゲイリー・ハメル、C．K．プラハラード　日本経済新聞社
『競争の戦略』M．E．ポーター　ダイヤモンド社
『最強組織の法則―新時代のチームワークとは何か』ピーター・M．センゲ　徳間書店
『リスク―神々への反逆』ピーター・バーンスタイン　日本経済新聞社
『企業参謀―戦略的思考とはなにか』大前研一　プレジデント社
『考える技術・書く技術―問題解決力を伸ばす』バーバラ・ミント　ダイヤモンド社
『プロフェッショナルの条件―いかに成果をあげ、成長するか』P．F．ドラッカー　ダイヤモンド社
『ビジネスEQ―感情コンピテンスを仕事に生かす』ダニエル・ゴールマン　東洋経済新報社
『ザ・ゴール―企業の究極の目的とは何か』エリヤフ・ゴールドラット　ダイヤモンド社
『マッキンゼー式　世界最強の仕事術』イーサン・M．ラジエル　英治出版
『金持ち父さんのキャッシュフロー・クワドラント』ロバート・キヨサキ　筑摩書房

『仕事は楽しいかね?』デイル・ドーテン　きこ書房
『ジャック・ウェルチ　わが経営』ジャック・ウェルチ　日本経済新聞社
『イノベーションのジレンマ―技術革新が巨大企業を滅ぼすとき』クレイトン・クリステンセン　翔泳社
『勝者の代償―ニューエコノミーの深淵と未来』ロバート・B. ライシュ　東洋経済新報社

☆流れが分かる！「ビジネス書」の系図

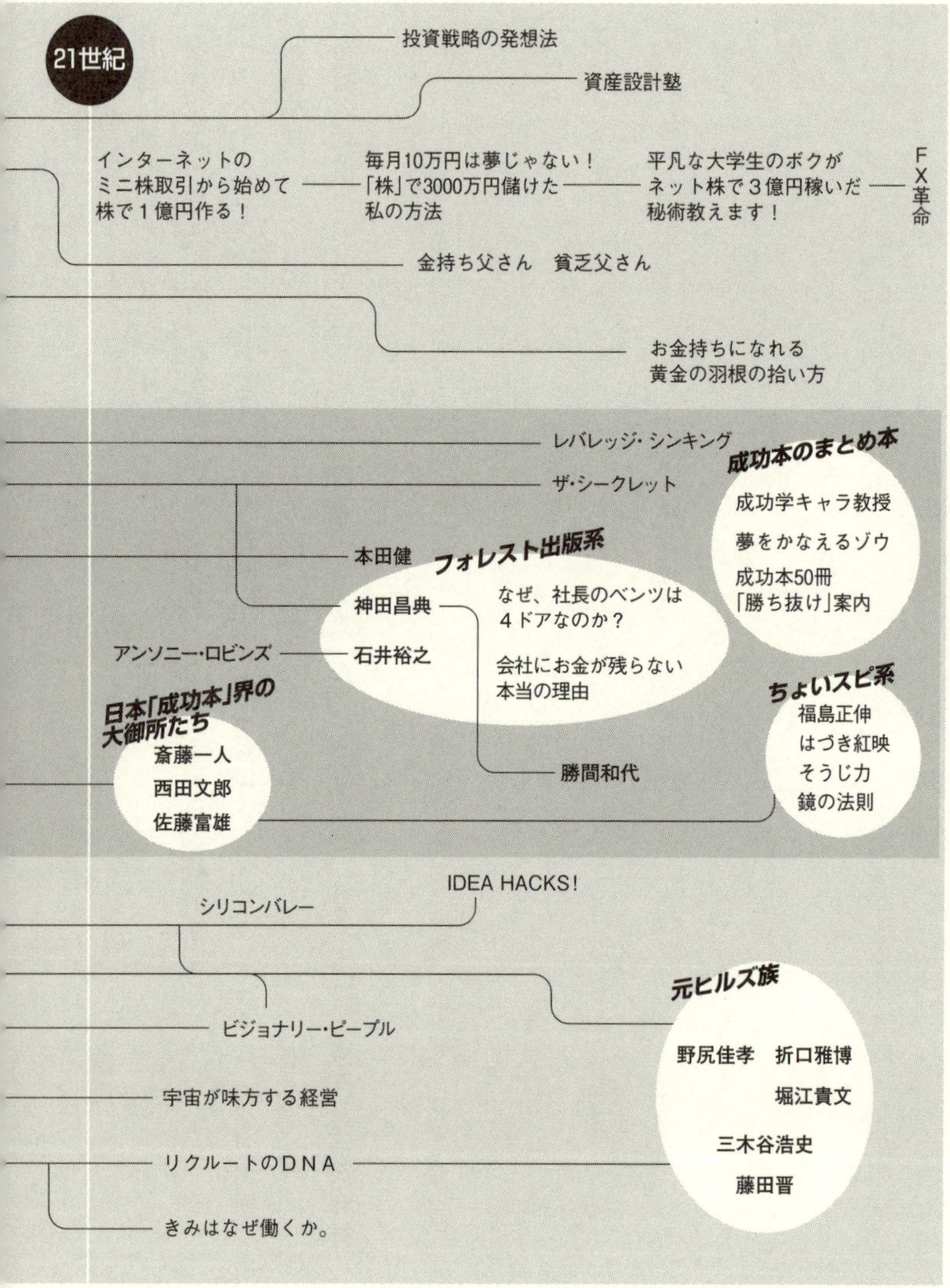
21世紀
投資戦略の発想法
資産設計塾
インターネットのミニ株取引から始めて株で１億円作る！
毎月10万円は夢じゃない！「株」で3000万円儲けた私の方法
平凡な大学生のボクがネット株で３億円稼いだ秘術教えます！
FX革命
金持ち父さん　貧乏父さん
お金持ちになれる黄金の羽根の拾い方
レバレッジ・シンキング
ザ・シークレット
成功本のまとめ本
成功学キャラ教授
夢をかなえるゾウ
成功本50冊「勝ち抜け」案内
本田健
フォレスト出版系
神田昌典
石井裕之
なぜ、社長のベンツは４ドアなのか？
会社にお金が残らない本当の理由
アンソニー・ロビンズ
ちょいスピ系
福島正伸
はづき紅映
そうじ力
鏡の法則
日本「成功本」界の大御所たち
斎藤一人
西田文郎
佐藤富雄
勝間和代
IDEA HACKS!
シリコンバレー
元ヒルズ族
野尻佳孝
折口雅博
堀江貴文
三木谷浩史
藤田晋
ビジョナリー・ピープル
宇宙が味方する経営
リクルートのDNA
きみはなぜ働くか。

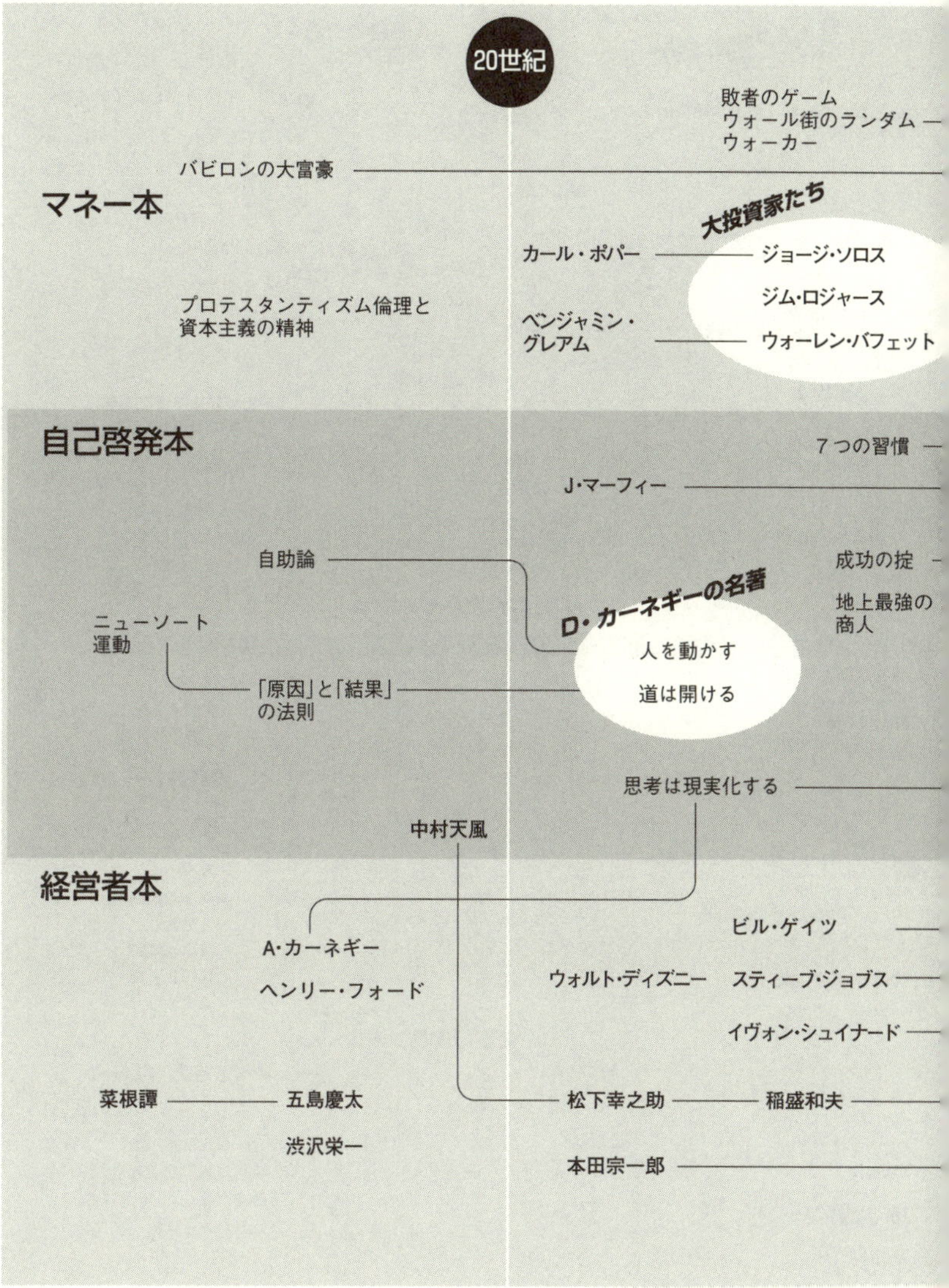
20世紀
マネー本
バビロンの大富豪
敗者のゲーム
ウォール街のランダム・ウォーカー
大投資家たち
カール・ポパー
ジョージ・ソロス
ジム・ロジャース
プロテスタンティズム倫理と資本主義の精神
ベンジャミン・グレアム
ウォーレン・バフェット
自己啓発本
7つの習慣
J・マーフィー
自助論
成功の掟
地上最強の商人
D・カーネギーの名著
ニューソート運動
人を動かす
道は開ける
「原因」と「結果」の法則
思考は現実化する
中村天風
経営者本
A・カーネギー
ヘンリー・フォード
ビル・ゲイツ
ウォルト・ディズニー
スティーブ・ジョブス
イヴォン・シュイナード
菜根譚
五島慶太
渋沢栄一
松下幸之助
稲盛和夫
本田宗一郎

☆ビジネス書マトリックス

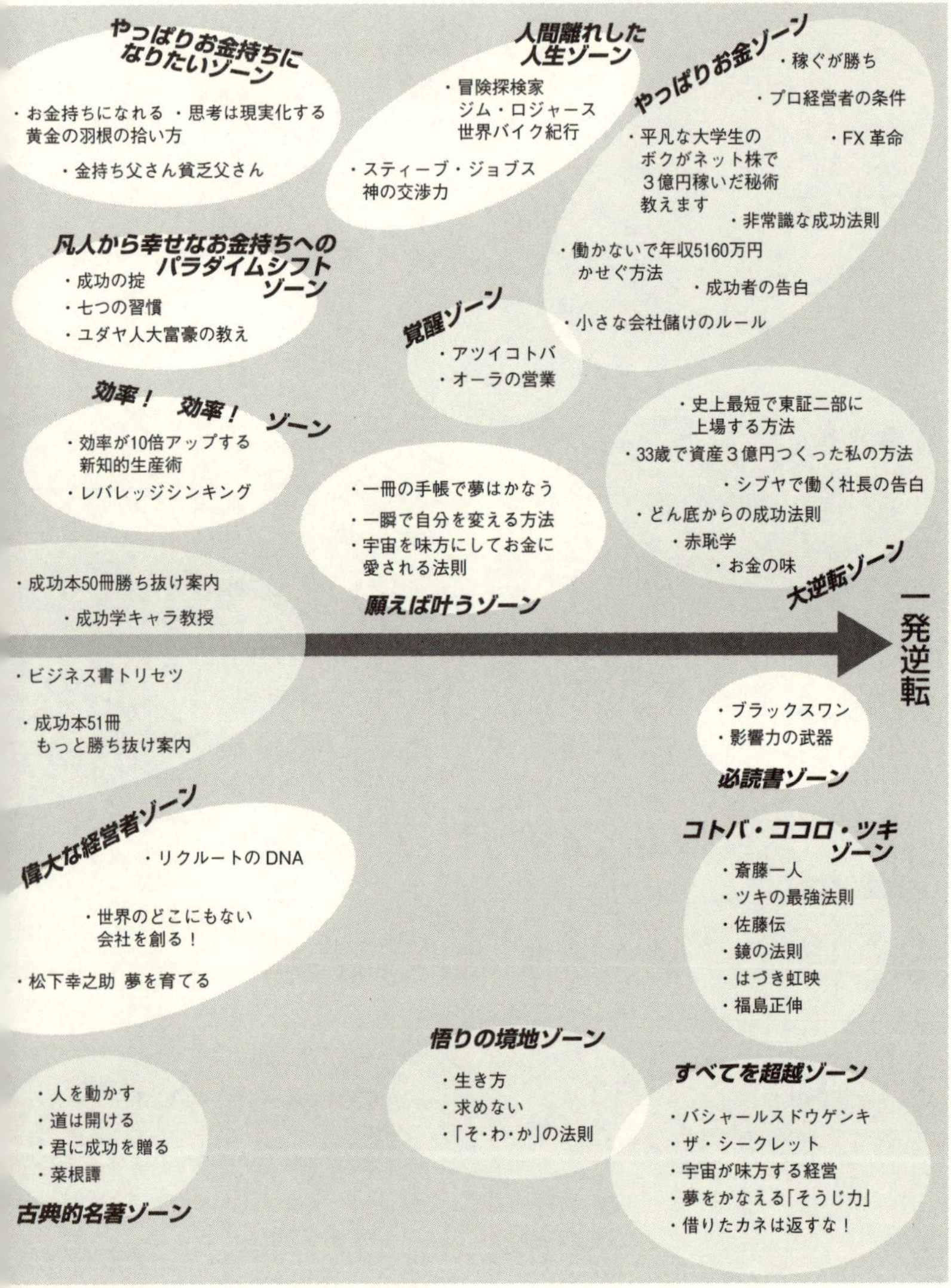

やっぱりお金持ちになりたいゾーン
・お金持ちになれる黄金の羽根の拾い方
・思考は現実化する
・金持ち父さん貧乏父さん
人間離れした人生ゾーン
・冒険探検家ジム・ロジャース世界バイク紀行
・スティーブ・ジョブス神の交渉力
やっぱりお金ゾーン
・稼ぐが勝ち
・プロ経営者の条件
・平凡な大学生のボクがネット株で3億円稼いだ秘術教えます
・FX革命
・非常識な成功法則
・働かないで年収5160万円かせぐ方法
・成功者の告白
・小さな会社儲けのルール
凡人から幸せなお金持ちへのパラダイムシフトゾーン
・成功の掟
・七つの習慣
・ユダヤ人大富豪の教え
覚醒ゾーン
・アツイコトバ
・オーラの営業
効率！ 効率！ ゾーン
・効率が10倍アップする新知的生産術
・レバレッジシンキング
・史上最短で東証二部に上場する方法
・33歳で資産3億円つくった私の方法
・シブヤで働く社長の告白
・どん底からの成功法則
・赤恥学
・お金の味
大逆転ゾーン
・一冊の手帳で夢はかなう
・一瞬で自分を変える方法
・宇宙を味方にしてお金に愛される法則
願えば叶うゾーン
・成功本50冊勝ち抜け案内
・成功学キャラ教授
・ビジネス書トリセツ
・成功本51冊もっと勝ち抜け案内
一発逆転
・ブラックスワン
・影響力の武器
必読書ゾーン
偉大な経営者ゾーン
・リクルートのDNA
・世界のどこにもない会社を創る！
・松下幸之助 夢を育てる
コトバ・ココロ・ツキゾーン
・斎藤一人
・ツキの最強法則
・佐藤伝
・鏡の法則
・はづき虹映
・福島正伸
悟りの境地ゾーン
・生き方
・求めない
・「そ・わ・か」の法則
すべてを超越ゾーン
・バシャールスドウゲンキ
・ザ・シークレット
・宇宙が味方する経営
・夢をかなえる「そうじ力」
・借りたカネは返すな！
・人を動かす
・道は開ける
・君に成功を贈る
・菜根譚
古典的名著ゾーン

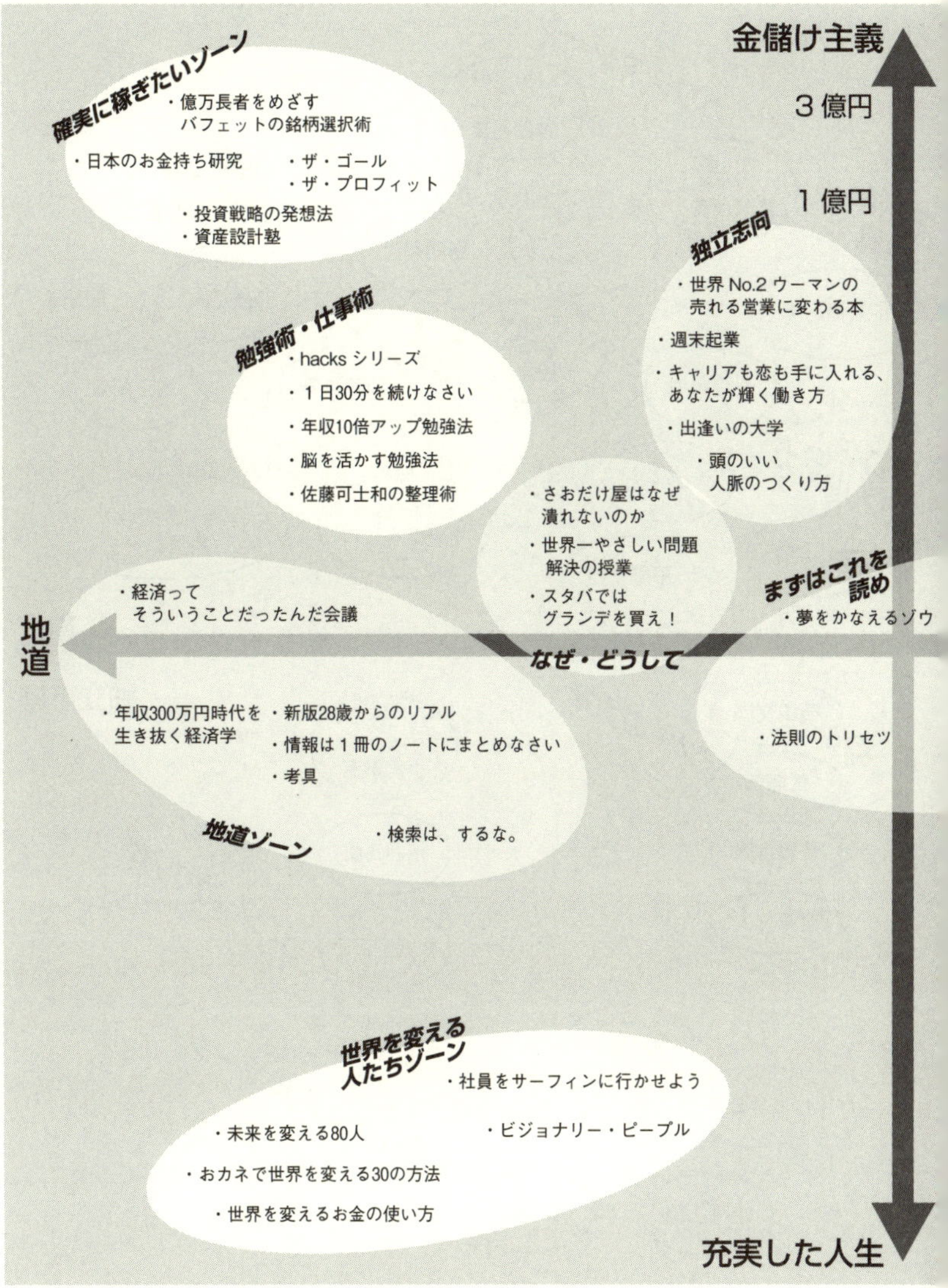
金儲け主義
3億円
1億円
充実した人生
地道
確実に稼ぎたいゾーン
・億万長者をめざす
バフェットの銘柄選択術
・日本のお金持ち研究
・ザ・ゴール
・ザ・プロフィット
・投資戦略の発想法
・資産設計塾
勉強術・仕事術
・hacks シリーズ
・１日30分を続けなさい
・年収10倍アップ勉強法
・脳を活かす勉強法
・佐藤可士和の整理術
独立志向
・世界 No.2 ウーマンの
売れる営業に変わる本
・週末起業
・キャリアも恋も手に入れる、
あなたが輝く働き方
・出逢いの大学
・頭のいい
人脈のつくり方
・さおだけ屋はなぜ
潰れないのか
・世界一やさしい問題
解決の授業
・スタバでは
グランデを買え！
なぜ・どうして
まずはこれを
読め
・夢をかなえるゾウ
・法則のトリセツ
・経済って
そういうことだったんだ会議
・年収300万円時代を
生き抜く経済学
・新版28歳からのリアル
・情報は１冊のノートにまとめなさい
・考具
地道ゾーン
・検索は、するな。
世界を変える
人たちゾーン
・社員をサーフィンに行かせよう
・未来を変える80人
・ビジョナリー・ピープル
・おカネで世界を変える30の方法
・世界を変えるお金の使い方

☆ビジネス書作家人脈マトリックス

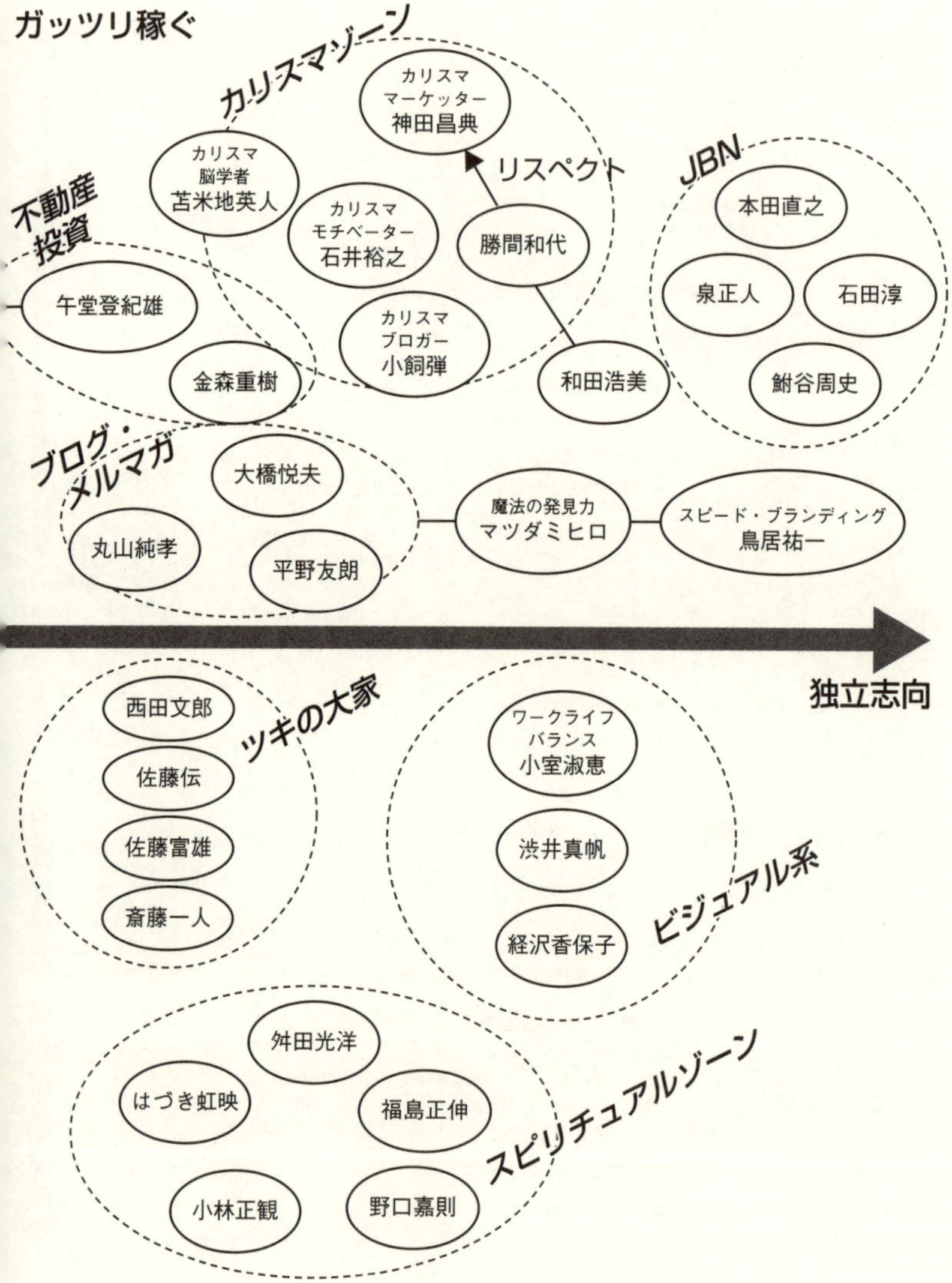

ガッツリ稼ぐ
カリスマゾーン
カリスマ
マーケッター
神田昌典
リスペクト
カリスマ
脳学者
苫米地英人
カリスマ
モチベーター
石井裕之
勝間和代
カリスマ
ブロガー
小飼弾
和田浩美
JBN
本田直之
泉正人
石田淳
鮒谷周史
不動産
投資
午堂登紀雄
金森重樹
ブログ・
メルマガ
大橋悦夫
丸山純孝
平野友朗
魔法の発見力
マツダミヒロ
スピード・ブランディング
鳥居祐一
独立志向
ツキの大家
西田文郎
佐藤伝
佐藤富雄
斎藤一人
ワークライフ
バランス
小室淑恵
渋井真帆
経沢香保子
ビジュアル系
舛田光洋
はづき虹映
福島正伸
小林正観
野口嘉則
スピリチュアルゾーン

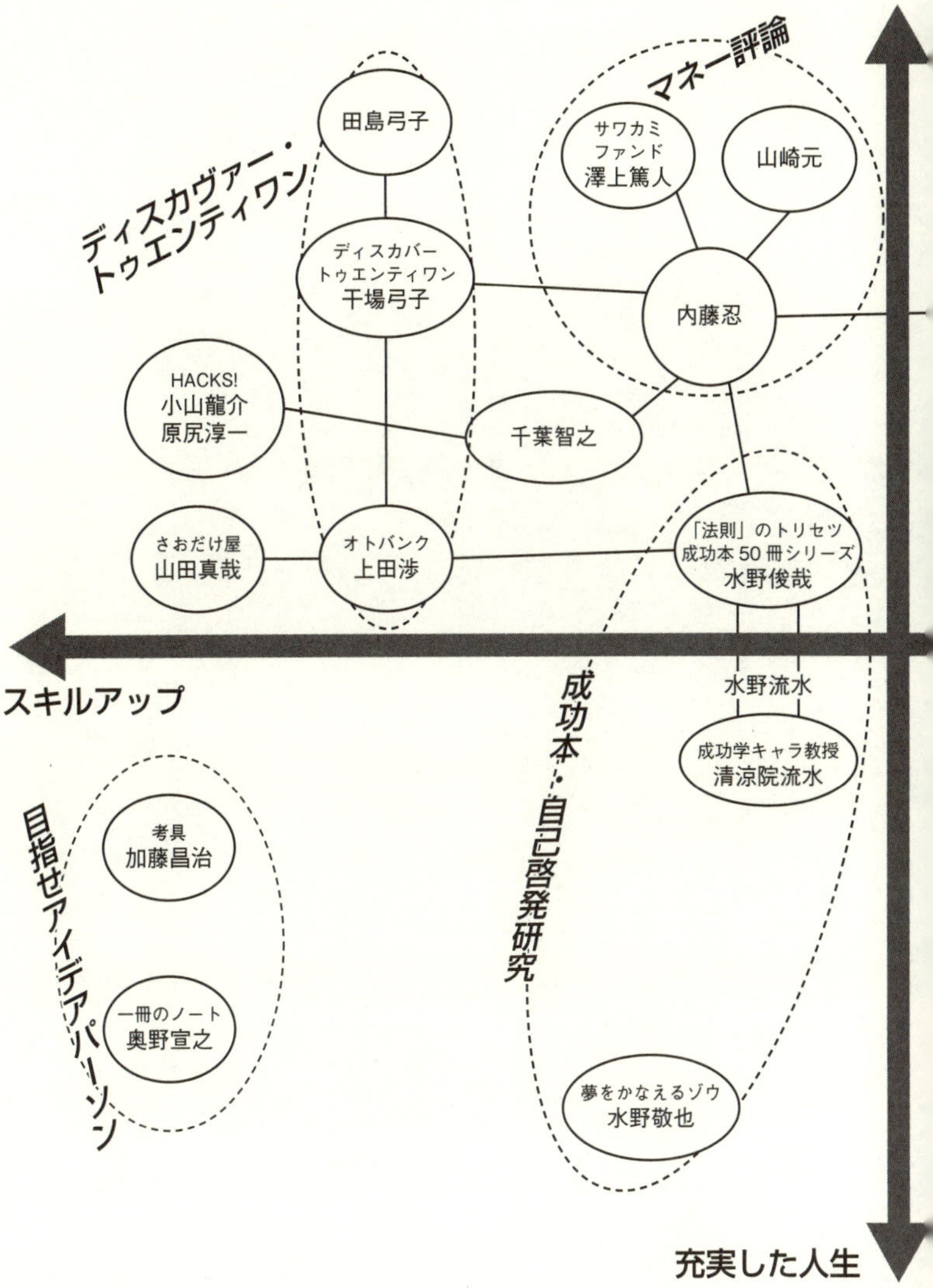

マネー評論
サワカミファンド 澤上篤人
山崎元
内藤忍
ディスカヴァー・トゥエンティワン
田島弓子
ディスカバートゥエンティワン 干場弓子
HACKS! 小山龍介 原尻淳一
千葉智之
さおだけ屋 山田真哉
オトバンク 上田渉
「法則」のトリセツ 成功本50冊シリーズ 水野俊哉
スキルアップ
水野流水
成功学キャラ教授 清涼院流水
成功本・自己啓発研究
目指せアイデアパーソン
考具 加藤昌治
一冊のノート 奥野宣之
夢をかなえるゾウ 水野敬也
充実した人生

☆2008年ビジネス書評ブロガーマトリックス

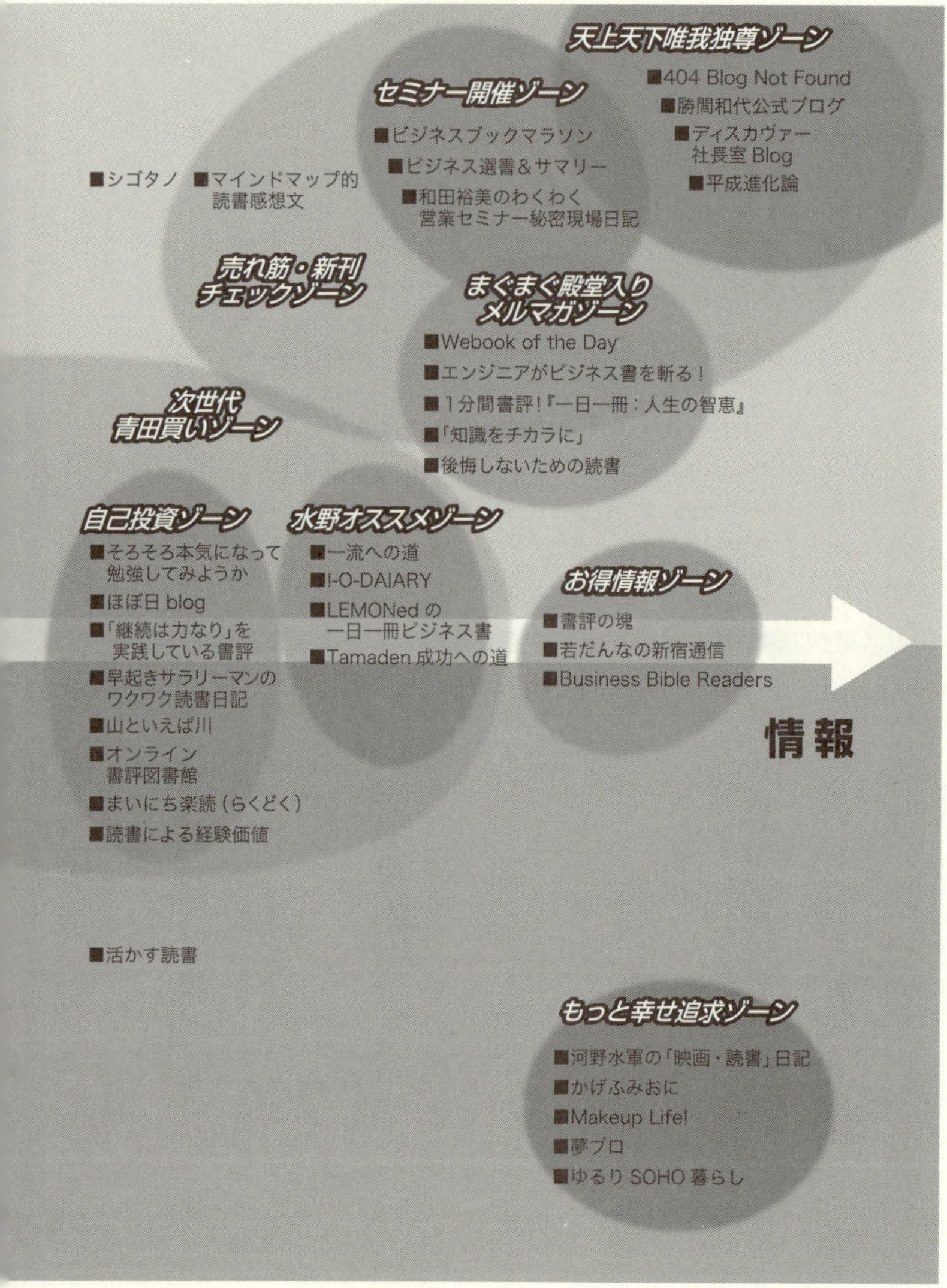
天上天下唯我独尊ゾーン
■404 Blog Not Found
■勝間和代公式ブログ
■ディスカヴァー社長室 Blog
■平成進化論
セミナー開催ゾーン
■ビジネスブックマラソン
■ビジネス選書&サマリー
■和田裕美のわくわく営業セミナー秘密現場日記
■シゴタノ
■マインドマップ的読書感想文
売れ筋・新刊チェックゾーン
まぐまぐ殿堂入りメルマガゾーン
■Webook of the Day
■エンジニアがビジネス書を斬る！
■1分間書評！『一日一冊：人生の智恵』
■「知識をチカラに」
■後悔しないための読書
次世代青田買いゾーン
自己投資ゾーン
■そろそろ本気になって勉強してみようか
■ほぼ日 blog
■「継続は力なり」を実践している書評
■早起きサラリーマンのワクワク読書日記
■山といえば川
■オンライン書評図書館
■まいにち楽読（らくどく）
■読書による経験価値
水野オススメゾーン
■一流への道
■I-O-DAIARY
■LEMONed の一日一冊ビジネス書
■Tamaden 成功への道
お得情報ゾーン
■書評の塊
■若だんなの新宿通信
■Business Bible Readers
情報
■活かす読書
もっと幸せ追求ゾーン
■河野水軍の「映画・読書」日記
■かげふみおに
■Makeup Life!
■夢ブロ
■ゆるり SOHO 暮らし

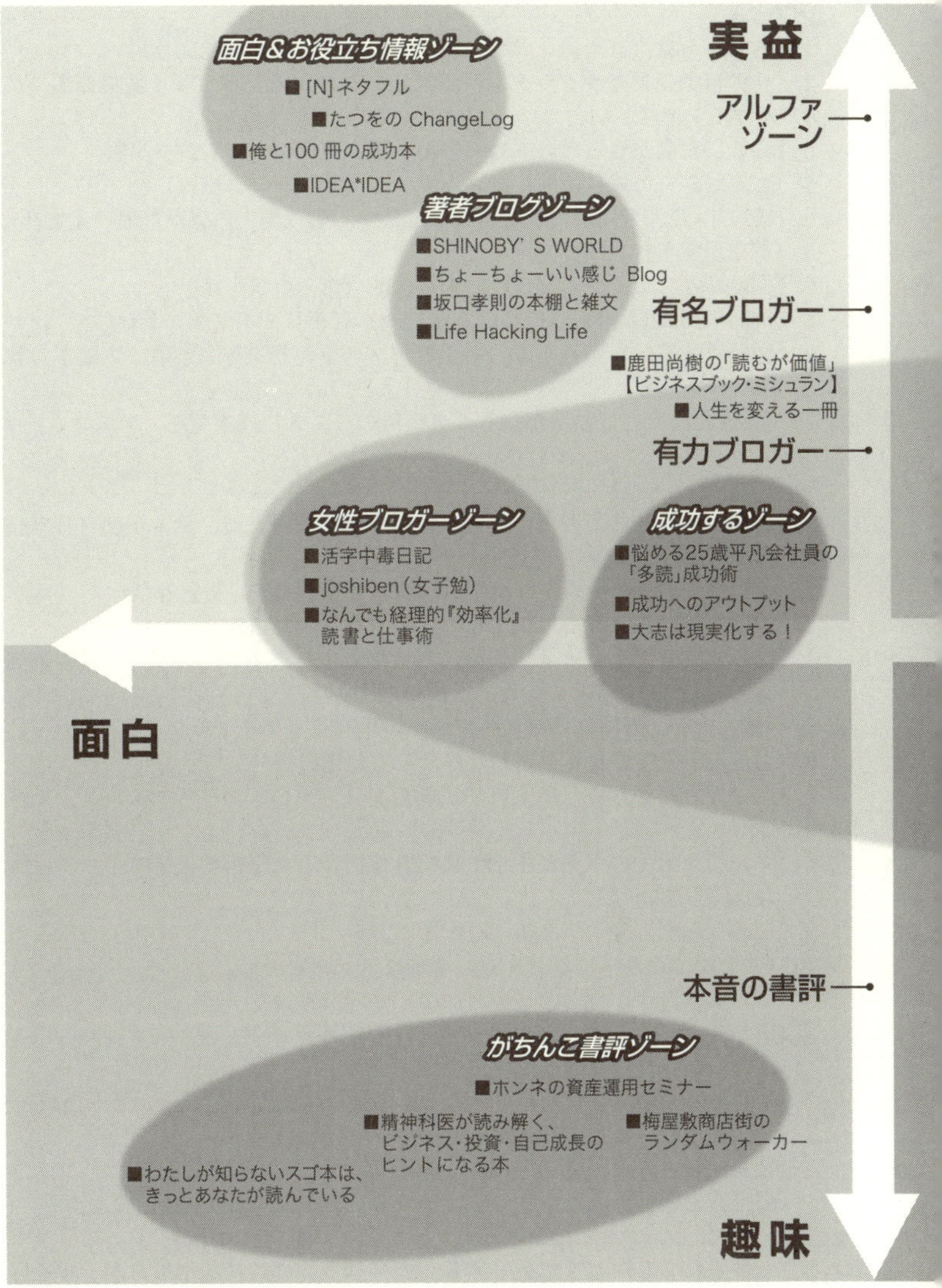
実益
アルファゾーン
有名ブロガー
有力ブロガー
本音の書評
趣味
面白
面白&お役立ち情報ゾーン
■[N]ネタフル
■たつをの ChangeLog
■俺と100冊の成功本
■IDEA*IDEA
著者ブログゾーン
■SHINOBY' S WORLD
■ちょーちょーいい感じ Blog
■坂口孝則の本棚と雑文
■Life Hacking Life
■鹿田尚樹の「読むが価値」【ビジネスブック・ミシュラン】
■人生を変える一冊
女性ブロガーゾーン
■活字中毒日記
■joshiben(女子勉)
■なんでも経理的『効率化』読書と仕事術
成功するゾーン
■悩める25歳平凡会社員の「多読」成功術
■成功へのアウトプット
■大志は現実化する!
がちんこ書評ゾーン
■ホンネの資産運用セミナー
■精神科医が読み解く、ビジネス・投資・自己成長のヒントになる本
■梅屋敷商店街のランダムウォーカー
■わたしが知らないスゴ本は、きっとあなたが読んでいる

● トーハン調べ「ビジネス書」年間ベストセラー 2004-2008

2004年

1.『内側から見た富士通「成果主義」の崩壊』城繁幸（光文社）
2.『株の自動売買でラクラク儲ける方法』ダイヤモンド・ザイ編集部編（ダイヤモンド社）
3.『会社にお金が残らない本当の理由』岡本吏郎（フォレスト出版）
4.『どん底からの成功法則』堀之内九一郎（サンマーク出版）
5.『続　年収300万円時代を生き抜く経済学　実践編！』森永卓郎（光文社）
6.『稼ぐが勝ち』堀江貴文（光文社）
7.『株はあと２年でやめなさい』木戸次郎（第二海援隊）
8.『「株」で3000万円儲けた私の方法』山本有花（ダイヤモンド社）
9.『図解［非常識に儲ける人］の１億円ノート』起業家大学著、主藤孝司監修（三笠書房）
10.『あなたの会社にお金が残る　裏帳簿のススメ』岡本吏郎（アスコム）

2005年

1.『これだけは知っておきたい個人情報保護』岡村久道、鈴木正朝（日本経済新聞社）
2.『細野真宏の世界一わかりやすい株の本』細野真宏（文藝春秋）
3.『和田裕美の人に好かれる話し方』和田裕美（大和書房）
4.『たった７日で株とチャートの達人になる！』ダイヤモンド・ザイ編集部編（ダイヤモンド社）
5.『「株」で3000万円儲けた私の方法』山本有花（ダイヤモンド社）
6.『たった１分でできると思わせる話し方』樋口裕一（幻冬舎）
7.『その他大勢から抜け出す成功法則』ジョン・C・マクスウェル（三笠書房）
8.『平凡な大学生のボクがネット株で３億円稼いだ秘術教えます！』三村雄太（扶桑社）
9.『道をひらく』松下幸之助（PHP 研究所）
10.『人を10分ひきつける話す力』齋藤孝（大和書房）

2006年

1.『鏡の法則』野口嘉則（総合法令出版）
2.『なぜ、社長のベンツは４ドアなのか？』小堺桂悦郎（フォレスト出版）
3.『千円札は拾うな。』安田佳生（サンマーク出版）
4.『３週間続ければ一生が変わる』ロビン・シャーマ（海竜社）
5.『細野真宏の世界一わかりやすい株の本　実践編』細野真宏（文藝春秋）
6.『「そうじ力」であなたが輝く！』舛田光洋（総合法令出版）
7.『一番売れてる株の雑誌 ZAi が作った「株」入門』ダイヤモンド・ザイ編

集部編（ダイヤモンド社）
8.『夢をかなえる勉強法』伊藤真（サンマーク出版）
9.『たった7日で株とチャートの達人になる！』ダイヤモンド・ザイ編集部編（ダイヤモンド社）
10.『細野真宏の世界一わかりやすい株の本』細野真宏（文藝春秋）

2007年

1.『「1日30分」を続けなさい！』古市幸雄（マガジンハウス）
2.『鏡の法則』野口嘉則（総合法令出版）
3.『できる人の勉強法』安河内哲也（中経出版）
4.『「心のブレーキ」の外し方』石井裕之（フォレスト出版）
5.『世界一やさしい問題解決の授業』渡辺健介（ダイヤモンド社）
6.『生き方』稲盛和夫（サンマーク出版）
7.『一瞬で自分を変える法』アンソニー・ロビンズ（三笠書房）
8.『餃子屋と高級フレンチでは、どちらが儲かるか？』林總（ダイヤモンド社）
9.『投資信託にだまされるな！』竹川美奈子（ダイヤモンド社）
10.『なぜ、エグゼクティブはゴルフをするのか？』パコ・ムーロ（ゴマブックス）

2008年

1.『脳を活かす勉強法』茂木健一郎（ＰＨＰ研究所）
2.『情報は1冊のノートにまとめなさい』奥野宣之（ナナ・コーポレート・コミュニケーション）
3.『脳を活かす仕事術』茂木健一郎（ＰＨＰ研究所）
4.『効率が10倍アップする新・知的生産術』勝間和代（ダイヤモンド社）
5.『竹中式マトリクス勉強法』竹中平蔵（幻冬舎）
6.『100％幸せな1％の人々』小林正観（中経出版）
7.『3つの真実』野口嘉則（ビジネス社）
8.『「残業ゼロ」の仕事力』吉越浩一郎（日本能率協会マネジメントセンター）
9.『地頭力を鍛える』細谷 功（東洋経済新報社）
10.『脳にいいことだけをやりなさい！』マーシー・シャイモフ（三笠書房）

● 日販調べ「ビジネス書」年間ベストセラー 2004-2008

2004年

1.『内側から見た富士通「成果主義」の崩壊』城繁幸（光文社）
2.『「原因」と「結果」の法則（1-4）』ジェームズ・アレン（サンマーク出版）
3.『生き方』稲森和夫（サンマーク出版）
4.『株の自動売買でラクラク儲ける方法』ダイヤモンド・ザイ編集部編（ダイヤモンド社）
5.『会社にお金が残らない本当の理由』岡本吏郎（フォレスト出版）
6.『稼ぐが勝ち』堀江貴文（光文社）
6.『どん底からの成功法則』堀之内九一郎（サンマーク出版）
8.『武士道』新渡戸稲造、奈良本辰也（三笠書房）
9.『株はあと２年でやめなさい』木戸次郎（第二海援隊）
10.『続　年収300万円時代を生き抜く経済学　実践編！』森永卓郎（光文社）

2005年

1.『これだけは知っておきたい　個人情報保護』岡村久道、鈴木正朝（日本経済新聞社）
2.『細野真宏の世界一わかりやすい株の本』細野真宏（文藝春秋）
3.『きっと、よくなる！』本田健（サンマーク出版）
4.『たった７日で株とチャートの達人になる！』ダイヤモンド・ザイ編集部編（ダイヤモンド社）
5.『「株」で3000万円儲けた私の方法』山本有花（ダイヤモンド社）
6.『たった１分でできると思わせる話し方』樋口裕一（幻冬舎）
7.『その他大勢から抜け出す成功法則』ジョン・C・マクスウェル（三笠書房）
8.『平凡な大学生のボクがネット株で３億円稼いだ秘術教えます！』三村雄太（扶桑社）
9.『道をひらく』松下幸之助（PHP研究所）
10.『ザ・プロフェッショナル』大前研一（ダイヤモンド社）

2006年

1.『鏡の法則』野口嘉則（総合法令出版）
2.『食品の裏側』安部司（東洋経済新報社）
3.『なぜ、社長のベンツは４ドアなのか？』小堺桂悦郎（フォレスト出版）
4.『千円札は拾うな。』安田佳生（サンマーク出版）
5.『細野真宏の世界一わかりやすい株の本　実践編』細野真宏（文藝春秋）
6.『一番売れてる株の雑誌ZAiが作った「株」入門』ダイヤモンド・ザイ編集部編（ダイヤモンド社）

7.『夢をかなえる勉強法』伊藤真（サンマーク出版）
8.『大地の咆哮』杉本信行（PHP 研究所）
9.『図解　頭がいい人、悪い人の話し方』樋口裕一（PHP 研究所）
10.『夢をかなえる「そうじ力」』舛田光洋（総合法令出版）

2007年

1.『「1日30分」を続けなさい！』古市幸雄（マガジンハウス）
2.『「心のブレーキ」の外し方』石井裕之（フォレスト出版）
3.『世界一やさしい問題解決の授業』渡辺健介（ダイヤモンド社）
4.『鏡の法則』野口嘉則（総合法令出版）
5.『できる人の勉強法』安河内哲也（中経出版）
6.『なぜ、エグゼクティブはゴルフをするのか？』パコ・ムーロ（ゴマブックス）
7.『環境問題はなぜウソがまかり通るのか（1・2)』武田邦彦（洋泉社）
8.『生き方』稲盛和夫（サンマーク出版）
9.『餃子屋と高級フレンチでは、どちらが儲かるか？』林總（ダイヤモンド社）
10.『頭の回転が50倍速くなる脳の作り方』苫米地英人（フォレスト出版）

2008年

1『脳を活かす勉強法』茂木健一郎（PHP 研究所）
2『情報は1冊のノートにまとめなさい』奥野宣之（ナナ・コーポレート・コミュニケーション）
3『効率が10倍アップする新・知的生産術』勝間和代（ダイヤモンド社）
4『英語は逆から学べ！』苫米地英人（フォレスト出版）
5『100%幸せな1%の人々』小林正観（中経出版）
6『竹中式マトリクス勉強法』竹中平蔵（幻冬舎）
7『3つの真実』野口嘉則（ビジネス社）
8『「残業ゼロ」の仕事力』吉越浩一郎（日本能率協会マネジメントセンター）
9『「1秒！」で財務諸表を読む方法』小宮一慶（東洋経済新報社）
10『地頭力を鍛える』細谷 功（東洋経済新報社）

おわりに

この本を最初に書こうと思ったのは、08年の8月のことでした。
「はじめに」でも書きましたが、08年1月に『成功本50冊「勝ち抜け」案内』を発表して以来、ひらすら古今東西の成功本やビジネス書のベストセラーを読み続ける日々が続き、ビル街のイルミネーションが色鮮やかな冬の景色は、やがて街路樹の新緑の輝きが眩《まぶ》しい季節を経過し、都心部の直射日光に照らされたアスファルトからかげろうが立ち上るような猛暑の日々を迎えていました。

その頃はちょうど講談社から発表する本のために、来る日も来る日も自室で経済書や投資に関する本、マネー本を読み続けていた頃です。

締め切りの都合で残り1週間で1日3本、マネー本の書評をしなければいけない、ことがわかった日からは、1日3、4時間睡眠でひたすら本を読み続けたこともありました。

恐らくこの頃の私は「日本でいちばん真剣にビジネス書やマネー本のことを考えていた人間の1人」だったのではないでしょうか。

どんなに有名なビジネス書著者も、あるいはビジネス書評論家なんて人種がこの世の中に存在するのかわかりませんが、もし、いたとしても、まさか1日中、ビジネス書のことを考えているわけはありません。

恋人や家族と過ごしたり、他の仕事をしていたり、ご飯を食べたりお酒を飲んで楽しんでいる時間も多いはずである。

しかし、私に到っては、「人生で失った3億をもう一度取り戻すまでは頑張ろう！」と心に誓い、一心不乱に本を読み、狂気すれすれのテンションで執筆に向かってたのです。

この頃、前作の「あとがき」でも書いたミステリー作家、清涼院流水氏とメールや直接のやりとりが始まった頃ですが、2人とも毎日毎日、原稿を書いては「今日はどのくらい進んだ」とか「今日は3時間しか寝ていないが来年へ向けて頑張ろう」などと励ましあっていたのです。

そんなある日の深夜、執筆が一山越えて、珍しく仕事場でビールを飲みながら今後の予定を立てていた時のことです。

突然、この本のベースとなった「ビジネス書ベストセラーがすらすら書ける本」のアイデアが閃《ひらめ》いた……、いや、より正確に言うと「アイデアが頭の中に降りてきた」のです。

それからどうなったかは、「はじめに」と重複するので一部、省略しますが、ありとあらゆるビジネス書のマトリックスが頭の中に完成し、過去に編み出された手法の全貌がパターンとして見え、何をどうすればこのくらい売れているというデータまでもが、ある程度の関連性を持って「見えた」のです。

私が3億円を取り戻すには、だいたい著作が200万部くらい売れればいいので、1年で40万部のヒットを出せばたったの5年で回収することができます。

そうするために理論上、もっとも確実な方法は　パターン1の露出戦略をとり、さらに内容は○○にして、著者プロフィールは○○の戦略で、と思い浮かぶものはあります。

しかし「はじめに」でも書きましたが、私が本を書く目的は、①世の中の人を幸せにするモノを書く、②世の中の失敗した人を元気にする本を書く、③子供達の役に立つ本を書く、です。

なので、それを曲げてまで本を書くのは生きる目的に反するし、私は自分の書きたいもので、読んだ人の役に立つ本を書くつもりです。

この本の目的は、本を読んでインプットした知識や情報を自らの血肉にし、ブログ、勉強会、セミナー参加などのアウトプットを続け、やがて一連の経験やノウハウをビジネス書として発表してほしい。そのためのスキルやノウハウを伝えたい、という部分があります。

それが人によっては、有名になるための手段であったり、情報商材を売ったり、セミナーに集客したりするためであっても、構わないと思います。

なにしろ私のほうでは止めようがありませんから。

いずれにせよ、これを読んだ人がビジネス書の世界を楽しみ、より充実した人生を送れるよう祈っています。

そして願わくば、やがて面白いビジネス書を書き、読者としても私も楽しませてください。

最後になりますが、つつじさん　荒井伸作さん　若だんなat新宿さん　中経出版書籍編集部竹村俊介さん　傳智之さん　すみだひろみさん　きょうこころのクリニック姜昌勲さん　小石耕之さん　石井隼平さん　上田渉さん　竹之内隆さん　天音らんさん　伊藤じんせいさん　松本秀幸さん　田中正人さん　田口智隆さん　竹内慎也さん　川井治之さん　柿添正和さん　本山大志さん　小笠原康人さん　加藤正友さん　Mharuさん　沖本るり子さん　末広大喜さん　嶋ひろゆきさん　岡戸信之さん　川島和正さん　八矢浩さん　ロックス今野　章さん　高田善教さん　南野陽子さん　坂口孝則さん　新宅利徳さん　上村光弼さん　宮原陽介さん　澤田正哉さん　杉原誠人さん　川西亮裕さん　小林俊介さん　佐藤睦美さん　前野康太さん　廣畑達也さん　小岩広宣さん　飯尾絵美さん　こばやしただあきさん　瀬川菜月さん　濱田圭子さん　伊佐康和さん　平方恭子さん　米川伸生さん　小田携さん　柿沼清隆さん　toshiさん　libroさん　yukioさん　牧野公一さん「一流への道」管理人・一龍さん　小笠原康人さん　中国好きさん　坂本七郎さん　川西亮裕さん　梶原明美さん　Ｍａｓｔｅｒさん　森田悠基さん　慶次さん　内藤圭子さん　渋川よしきさん　田口勝也さん　champleさん　山口智司さん　大野光洋さん　杉本禎浩さん　佐藤雅育さん　石井聡さん　中尾守さん　水道屋の長谷川高士さん　宇野貴子さん　西田庸子さん　添かおるさん　みなさんのお陰でこの本を発行することができました、ありがとうございます。

また前作に引き続き編集を担当してくれた徳間書店の明石直彦氏にも感謝を述べさせていただきます。

索引

水野俊哉（みずの・としや）
1973年東京生まれ。大学卒業後、金融機関に就職。その後ベンチャー起業するも、3億円の負債を抱え、取締役を解任。その後、経営コンサルタントとして数多くのベンチャー企業経営にかかわりながら、世界中の成功本やビジネス本を読破、さまざまな成功法則を研究する。その後、創作活動に入り、初著作『成功本50冊「勝ち抜け」案内』（光文社ペーパーバックス）がベストセラーとなる。その他の著書に『成功本51冊もっと「勝ち抜け」案内』（同上）、『お金持ちになるマネー本厳選50冊』（講談社）など。現在、週刊ＳＰＡ！の新書書評、日経ＢＰネットキャリワカにて「水野俊哉のブックマトリックス」(http://www.nikkeibp.co.jp/article/column/20090525/155147/)を連載中。本書のベースとなった「ベストセラービジネス書の書き方セミナー」も定期的に開催中。

「水野俊哉の日記」
http://d.hatena.ne.jp/toshii2008/
mail：happynews@live.jp

一流の人になる！　究極の読書術
「ビジネス書」のトリセツ

第1刷　2009年7月31日

著者　水野俊哉
発行者　岩渕　徹
発行所　株式会社徳間書店
〒105-8055　東京都港区芝大門2-2-1
電話　編集(03)5403-4344／販売(048)451-5960
編集担当　明石直彦
振替　00140-0-44392
本文印刷　三晃印刷(株)
カバー印刷　真生印刷(株)
製本所　大口製本印刷(株)

カバー・本文デザイン　渡邊民人＋小林祐司(TYPE FACE)
本文イラスト　小河原智子
四コマ漫画　勉　子

乱丁・落丁はお取り替えいたします。

ISBN978-4-19-862764-5